세계시민수업
석유 에너지

세계 시민 수업 ❷

석유 에너지

전쟁을 일으키는 악마의 눈물

이필렬 글 | 안은진 그림

차례

수업을 시작하며 6

01 우주를 만든 에너지

우주가 에너지에서 시작되었다고? 12
나는 61명의 노예를 거느리고 산다 17
에너지 노예를 찾아라! 21
아주 위험한 에너지 24
꼬마 시민 카페 물체 1g이 어마어마한 에너지가 된다고? 28

02 흥미진진한 석유의 역사

우리는 석유 더미에 파묻혀 산다 32
해조류의 시체가 석유가 되었다고? 36
자동차 덕분에 살아난 석유 40
꼬마 시민 카페 점토층의 종 모양 지층을 찾아라! 46

03 석유, 어떻게 퍼 올릴까?

석유를 찾아라! 50
대나무 관을 땅속에 박아 넣다 52
바다에서 석유를 뽑아 올리다 56
석유가 모자라면 어떡하지? 59
꼬마 시민 카페 기름을 어떻게 분리할까? 62

04 석유 때문에 휘청거리는 경제

우리 석유를 돌려줘! 66
석유를 수출하는 나라들이 힘을 합치다 69
석유로 돈 버는 회사들 71
석유가 나라를 병들게 한다 75
꼬마 시민 카페 석유를 퍼 오려고 세금을 낭비했다고? 80

05 악마의 눈물, 석유

석유 때문에 일으킨 전쟁 84
주민들의 삶을 파괴하는 석유 88
석유 회사는 돈만 벌면 된다고? 94
우리나라 바다를 뒤덮은 석유 96
세계 최악의 석유 오염 사고 99
꼬마 시민 카페 미국이 전 세계 석유의 5분의 1을 쓴다고? 104

06 앞으로 석유는 어떻게 될까?

석유가 없는 세상은 어떤 모습일까? 108
미래의 에너지를 찾아라! 111
꼬마 시민 카페 우리나라는 석유를 얼마나 쓸까? 114

수업을 마치며 116

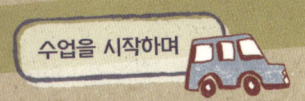
수업을 시작하며

에너지 세계로 들어가 볼까?

에너지는 아마 온 세상에서 가장 중요한 걸 거야. 우주와 모든 생명이 에너지에서 시작되었고, 에너지가 없으면 모든 게 멈추고 말거든. 그런데 사람들은 에너지가 이렇게 중요한 건지 잘 몰라. 주위를 조금만 둘러보고 생각해 봐도 알 수 있는데 말이야.

148억 년 전 우주가 탄생했을 때 있었던 놀라운 에너지와 지금 우리 곁에서 삶을 윤택하게 만들어 주는 에너지, 그리고 미래에 화석 연료가 고갈된 이후에도 우리를 지켜 줄 에너지에 대해 함께 알아볼래? 에너지가 어떻게 세상을 만들었는지, 인류가 어떻게 여러 에너지를 찾아냈는지를 따라가다 보면 에너지의 매력에 푹 빠지게 될 거야.

에너지 중에서 우리 생활에 가장 많이 들어와 있는 것은 석유야. 우리 주위에서 석유가 들어 있지 않은 것은 찾아보기 힘들어. 자동차나 비행기를 움직이게 만드는 연료인 것은 물론이고, 페트병, 레고,

의약품, 아스팔트, 페인트, 농약, 비료, 잉크도 석유가 없으면 만들지 못해.

석유가 이렇게 중요한데 석유는 아무 데나 매장되어 있지 않아. 몇몇 지역에 몰려 있는데, 그중에서도 특히 많이 있는 곳이 중동 지역이야. 그래서 석유를 차지하려는 싸움이 중동에서 계속되고, 많은 사람이 고통받고 있어. 석유가 없어도 안 되지만 너무 많아도 큰 골칫거리가 될 수 있는 거야.

그런데 석유는 점점 없어져 가고 있어. 그동안 석유를 많이 태워 버린 탓에 지구 온난화와 기후 변화도 점점 심해지고 있지. 석유를 지금처럼 많이 사용하면 기후 변화로 뜨거워진 지구에서 석유 없이 살아가야 할 거야.

세상만사가 마찬가지이지만 석유에 대해서도 낙관적인 생각과 비관적인 생각이 있지. 컵에 반쯤 들어 있는 물을 보고 반이나 있다고 생각할 수도 있고, 반밖에 없다고 생각할 수도 있는 것처럼

말이야. 석유를 다 써서 없어질 것이라는 데는 누구나 동의하지만 없어지는 시기에 대해서는 의견 차이가 있어. 퍼내기 쉬운 석유는 이미 많이 퍼냈고, 이제 퍼내기 어려운 석유만 남았다고 우려하는 목소리가 있는가 하면, 지금은 퍼내기가 어려워도 과학기술의 발달로 곧 쉽게 퍼낼 수 있는 방법을 찾을 거라는 전망도 있지. 석유가 없는 미래를 절망적으로 예측하는 의견이 있는가 하면 석유 없이도 풍족하게 에너지를 쓰며 살 수 있다는 의견도 있고.

 너희들은 어떻게 생각해? 석유를 대신할 수 있는 게 과연 있을 것 같아? 궁금하지 않아?

 이 책에서는 에너지가 무엇인지, 석유가 언제 어디에서 생겨났는지, 사람들은 석유를 언제부터 사용해 왔는지, 땅속에서 석유를 어떻게 퍼내는지, 석유 때문에 누가 고통받고 누가 큰돈을 버는지, 태양 에너지가 정말 석유를 대신할 수 있는지 살펴볼 거야. 에너지 이야기라서 조금 어렵게 느껴질지 모르지만, 읽어 보면 석유 에너

지에 대해서 꽤 많이 알게 될 거야.

 마지막으로 한 가지만 당부할게. 석유 에너지에 대한 지식을 쌓는 것도 물론 중요하지만 더 중요한 건 석유 때문에 고통을 받는 사람들이 있다는 걸 알고, 그들의 고통에 깊이 공감하는 거야. 그리고 정의롭지 못한 행동을 하는 나라나 회사에 대해서 분노할 수 있으면 좋겠어. 그래야 글로벌 시대를 살아가는 멋진 세계 시민이 될 수 있겠지?

우주를 만든 에너지

'빅뱅'이 뭔지 아니?

빅뱅은 하나의 점이 엄청난 폭발을 일으켜

우주가 탄생했다는 이론이야. 138억 년 전에 말이지.

하나의 작은 점에서 이렇게 어마어마한 우주가 생겼다니

정말 놀라운 일이지?

하나의 점은 에너지가 뭉쳐진 거야.

이 에너지가 물질로 바뀌게 된 거지.

하늘과 땅이 맨 처음 생길 때 있었던 에너지는 참 대단해.

에너지의 세계로 한번 들어가 볼까?

우주가 에너지에서 시작되었다고?

우리 지구가 담겨 있는 우주는 언제 생겨났을까? 우주를 연구하는 과학자들은 지금으로부터 138억 년 전에 우주가 처음 시작되었다고 해. 아주 오래전에 생겨난 건데, 이걸 어떻게 알아냈을까? 보통 사람들은 우주가 끝이 있는지 없는지 잘 모를 거야. 그리고 궁금한 게 많은 아이들 말고는 그런 데 관심도 없을 거야. 나는 어렸을 때 하늘을 보면서 저 허공에는 끝이 없을 거라고 생각했어. 그런데 우주는 끝이 있어. 유명한 과학자 아인슈타인이 상대성 이론에서 그걸 밝혀냈지. 그전에는 과학자들 사이에서도 끝이 있는지 없는지를 놓고 의견이 분분했어.

과학자들은 또 우주가 시간이 갈수록 점점 더 커진다는 것도 발견했어. 은하계들이 빠른 속도로 멀어져 가는 것이 그 증거지. 그렇다면 커지는 속도를 알아내서 거슬러 올라가면 속도가 0이었을 때, 다시 말해서 우주가 시작된 때도 알아낼 수 있겠지.

138억 년 전이란 바로 이런 계산을 통해서 밝혀진 거야.

그런데 138억 년 전에는 우주 말고 뭐가 있었을까? 그리고 어떻게 우주가 시작될 수 있었던 걸까? 우주가 생기기 전에 뭐가 있었는지는 아무도 몰라. 아인슈타인이나 스티븐 호킹 같은 천재 과학자들도 답을 못해. 다만 과학자들이 대부분 인정하는 사실은 우주가 시작되던 찰나에는 어머어마하게 단단히 뭉쳐진 에너지가 있었다는 거야.

에너지가 뭉쳐 있다는 게 무슨 말일까? 우리가 눈싸움할 때 눈을 뭉치지. 눈을 힘껏 뭉칠수록 눈덩이는 단단해져. 대신에 크기는 점점 작아지지. 그런데 이걸 아주 강한 힘으로 뭉치면 어떻게 될까? 점점 더 단단해지면서 아주 작아질 거야. 나중에는 녹아서 물이 될 수도 있겠지. 눈은 뭉쳐져서 작아져도 눈이든 물이든 뭔가 보이는 게 남아 있어. 하지만 에너지는 뭉쳐져 있어도 보이는 게 하나도 없어. 그저 엄청난 양의 에너지가 몰려 있을 뿐이야. 그런데 아주 작은 곳에 몰려 있던 에너지가 지금 우리를 둘러싼 우주를 만들었다는 거야.

에너지는 보이지도 않고 만져지지도 않는데, 어떻게 에너지에서 태양이나 달이나 지구가 생겨날 수 있는 걸까? 참 이상하게 보이지만, 아인슈타인은 에너지가 물질로 변할 수 있고, 거꾸로 물질이 에너지로 바뀔 수 있다는 걸 발견했어. $E = mc^2$이라는 아인슈타인의 유명한 공식이 그걸 말해 주고 있지. 이 식에서 E는 에너지야. m은 물체의 무게, 정확히 말하면 질량이지. c는 빛의 속도고, c^2은 c를 두 번 곱한다는 뜻이야.

에너지 　　　　질량　　빛의 속도

우주가 처음 시작할 때 이 에너지는 너무 좁은 곳에 몰려 있었기 때문에 대폭발을 일으키면서 사방으로 흩어졌단다. 흩어지면서 아주 빠르게 물체로 변했는데, 이 물체가 그다음에 계속 팽창하고 뭉치고 퍼져서 우주가 만들어진 거야.

지금도 물체가 에너지가 되고 에너지가 물체가 되는 일이 일어나. 원자력 발전소에서 나오는 전기는 핵연료가 쪼개질 때 생기는 에너지를 이용해서 만들지. 이때 에너지는 핵연료의 일부가 쪼개지면서 에

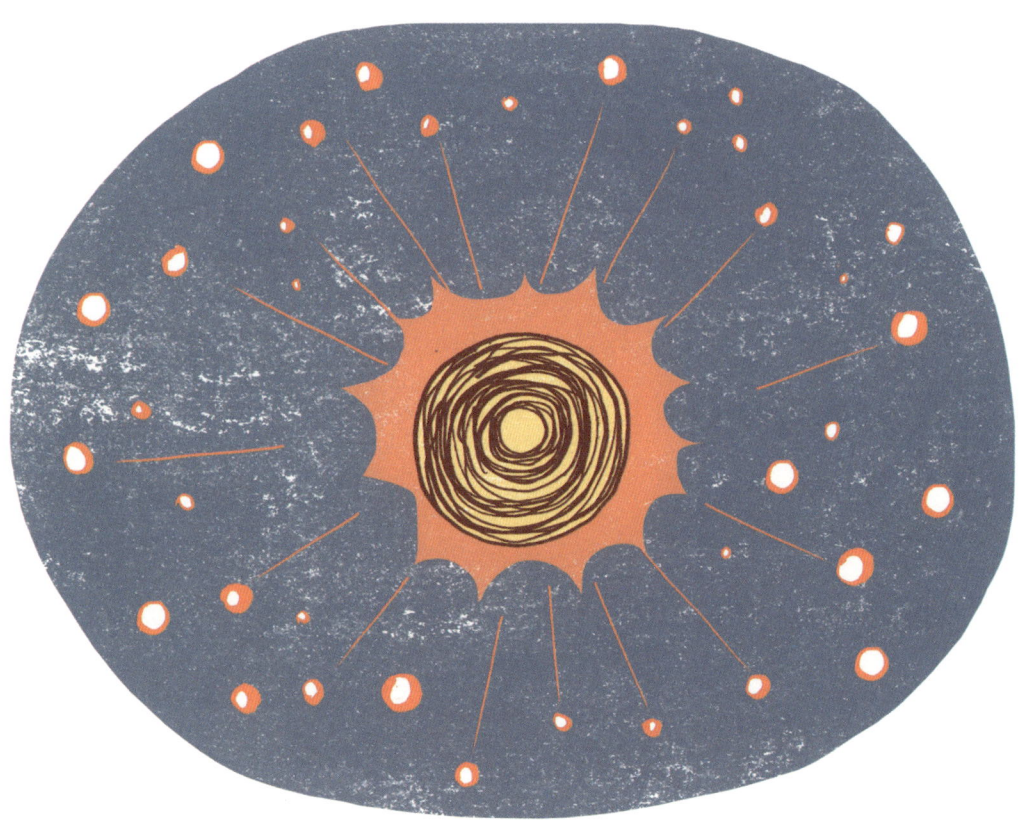

너지로 변한 거야. 원자 폭탄도 우라늄이나 플루토늄이란 물체가 쪼개질 때 그중 일부분이 에너지로 바뀌기 때문에 엄청난 위력을 발휘하는 거야. 태양이나 수소 폭탄에서 일어나는 핵융합 때도 마찬가지로 물체가 에너지로 바뀌지.

그러면 에너지가 물체로 바뀌는 일이 우리 주위에서도 일어날까? 물론이야. 과학자들은 물체를 아주 뜨겁게 가열한 다음에 아주 적은 양도 측정할 수 있는 저울로 무게를 재 봤어. 그랬더니 가열하기 전보다 가열한 다음에 무게가 아주 조금이지만 늘어나는 것을 확인했어. 어떤 물체를 뜨겁게 만든다는 것은 에너지를 잔뜩 집어넣는 것과 같아. 에너지가 많이 들어갔으니 무게가 증가하는 것이 당연하겠지.

우주가 모두 에너지에서 시작되었다는 건 무얼 말해 줄까? 에너지가 모든 것의 근원이라는 걸 말해 주는 거야. 그러니까 에너지가 아주 중요한 것이라는 거야. 그런데 우리는 에너지가 귀중하다는 걸 잘 모르고 살아가고 있어. 언제 어디서나 필요할 때 마음껏 에너지를 쓸 수 있으니까 그게 소중하다는 걸 모르는 거지. 공기가 어디에나 있어서 공기의 소중함을 모르듯이 말이야.

나는 61명의 노예를 거느리고 산다

공기가 없으면 몇 분도 안 되어서 질식해 죽는 것처럼 에너지가 없어도 얼마 살지 못해. 우리가 음식을 먹는 이유가 뭘까? 두말할 것 없이 에너지를 얻기 위해서야. 성인 남성에게 필요한 에너지가 하루에 2,500킬로칼로리라고 하잖아? 그래서 음식과 물을 먹지 않으면 에너지가 공급되지 않아 며칠도 안 돼서 죽게 돼.

에너지가 이렇게 중요하기 때문에 인류의 역사는 에너지를 얻기 위한 노력의 역사라고 할 수 있어. 지금은 사람들이 에너지 걱정을 거의 안 하고 살지만, 아주 오랜 옛날에는 에너지를 얻는 게 너무 힘들었어. 하루 종일 돌아다

니면서 동물을 사냥하고 열매나 뿌리를 채취해서 에너지를 얻었지. 추울 때는 숲에 가서 나무나 덤불을 잘라다가 태워서 에너지를 얻었어. 그러다가 농사를 짓고 가축을 길러서 우리 몸에 필요한 에너지를 얻었고,

물과 바람을 이용해서 에너지를 끌어냈지. 그래도 하늘이 햇빛을 비추고 비를 뿌려서 도와주지 않으면 에너지를 충분히 얻지 못해서 많은 사람이 굶어 죽기도 했어.

지금은 과학기술을 이용해서 아주 여러 방식으로 풍부하게 에너지를 얻어 내고 있어. 석탄, 석유, 가스 같은 화석 연료뿐 아니라 원자력으로도 에너지를 생산하지. 그것만이 아니야. 햇빛, 바람, 파도, 가축의 똥은 물론 깊은 땅속에서도 에너지를 끌어내고 있어. 사람들은 이런 에너지를 가지고 하고 싶은 일을 마음대로 하지. 에너지를 이렇게 펑펑 쓸 수 있

게 되어서 옛날에는 상상도 못했던 일들을 하면서 살게 된 거야.

생각해 봐. 아침에 일어나면 먼저 전깃불을 켜지. 그리고 따뜻한 물을 받아서 세수를 하고 이를 닦아. 그다음에는 맛있는 아침밥을 먹고 학교에 가. 학교가 멀면 버스를 타고 갈 거야. 학교에 갔다 와서는 컴퓨터 게임도 하고 스마트폰도 보고 텔레비전도 좀 보겠지. 모두 에너지가 없으면 안 되는 일이야.

전깃불은 발전소에서 만든 에너지이고, 따뜻한 물은 가스나 석유를 태워서 만들고, 아침밥도 전기나 가스 불로 하겠지. 버스는 연료가 있어야 굴러가고, 컴퓨터, 스마트폰, 텔레비전은 전기가 없으면 아무것도 못해.

그러면 옛날에는 하루 생활이 어땠을까? 어스름한 새벽에 일어나서 찬물로 세수를 하고, 나무를 때서 밥을 해 먹고, 걸어서 일을 하러 갔겠지? 그러고 나서 저녁에 어두워지면 잠자리에 들었겠지. 쓸 수 있는 에너지가 아주 적었으니까 그렇게 생활해야 했을 거야. 그런데 그때도 호롱불을 켜고, 가마를 타고 다니고, 따뜻한 물로 목욕을 하

고, 세끼 따뜻한 밥을 먹고, 밤늦게까지 책을 읽었던 사람들이 있었어. 이게 어떻게 가능했을까?

바로 힘이 세거나 돈이 많아서 노예를 거느릴 수 있었기 때문이야. 노예가 나무를 해 와서 물을 데워 주고, 가마를 들어 주고, 농사를 지어 주니까 그럴 수 있었던 거지. 그런데 우리는 지금 누구나 이렇게 할 수 있잖아? 그러니까 옛날 사람들이 우리를 보면 노예를 아주 많이 부리는 줄 알 거야. 얼마나 많이 부리는지는 우리가 쓰는 에너지를 계산해 보면 알 수 있어.

노예에게 일을 시키려면 에너지를 공급해 주어야 하겠지. 하루에 2,500킬로칼로리는 주어야 해. 그러면 우리가 하루에 사용하는 에너지는 얼마나 될까? 우리나라에서 사람들이 하루 동안 밥할 때, 움직일 때, 컴퓨터 게임할 때, 텔레비전 볼 때 쓰는 에너지뿐 아니라 우리가 쓰는 물건을 만들 때 들어가는 에너지를 모두 합한 다음에 인구수로 나누면 한 사람이 하루에 사용하는 에너지가 나오겠지.

정부 기관에서 발표한 자료를 보면 우리나라 사람의 하루 평균 에너지 사용량은 15만 3천 킬로칼로리야. 이걸 2,500으로 나누면 약 61이 돼. 우리나라 사람은 누구나 평균 61명의 노예를 거느리고 산다는 거지. 식구가 셋이면 노예가 183명, 엄청나게 많지. 옛날에는 아주 큰 부자도 하기 어려웠던 걸 지금은 누구나 누리고 있는 거야. 그런데 이

노예는 사람이 아니니까 에너지 노예라고 불러.

에너지 노예를 찾아라!

어떻게 우리가 지금 이렇게 많은 에너지 노예를 부릴 수 있게 된 걸까? 한마디로 화석 연료를 사용하게 되었기 때문이야. 석탄, 석유, 가스 같은 것은 태우면 많은 에너지를 내놓지. 이것들은 아주 오래전에 땅속에서 만들어졌기 때문에 화석이라고 할 수 있어. 그래서 이것들을 화석 에너지원이라고 불러.

이 에너지원들은 수억 년이나 수백만 년 전에 거대한 식물들이 땅속에 묻히거나 해조류와 플랑크톤들이 바닷속에 가라앉아서 생겨났어. 이때는 지금보다 훨씬 따뜻했기 때문에 생물체들은 태양에서 오는 에너지를 흡수해서 빠르게 자라고 퍼져 갔어. 이것들이 땅속에 묻힌 게 석탄이나 석유 같은 화석 에너지원이야. 지금 우리는 오랜 기간에 걸쳐서 생물체들에 흡수되어 저장되어 있던 햇빛을 꺼내서 사용하고 있는 거지.

사실 지구 상에서 돌아다니는 에너지는 거의 모두 태양에서 온 거야. 태양에서 햇빛이 오지 않으면 지구는 금방 얼어 버리고 생명 없는 죽은 땅이 되고 말아. 햇빛은 지구를 따뜻하게 해 주고, 식물에 저장도 돼. 곡식이나 과일은 햇빛을 못 받으면 자라지 못하지. 햇빛이라는 에너지를 저장해야만 무럭무럭 자랄 수 있어. 바람이 불고, 물이 흐르고, 파도가 치는 것도 모두 태양이 에너지를 보내 주기 때문에 일어나는 거야. 바다나 호수에서 물이 증발해서 비가 되어 내려야 물이 흐르고, 햇빛을 받아서 따뜻해진 공기가 위로 올라가고, 이 빈 곳을 차가운 공기가 채워 주어야 바람이 부는 거잖아.

화석 에너지원 가운데 사람들이 가장 먼저 대량으로 쓰기 시작한 것은 석탄이야. 석탄은 수억 년 전과 수백만 년 전에 생겨났어. 수억 년 전 고생대에 거대한 양치식물들이 땅속에 묻혀서 단단한 석탄이

되었고, 수백만 년 전에 묻힌 것은 갈탄이 되었지. 이걸 영국에서 300년쯤 전에 캐내어서 나무와 숯 대신 쓰게 되었어. 땅속에 아주 많이 묻혀 있던 석탄을 꺼내 쓰니까 에너지를 풍부하게 얻을 수 있게 되었지. 그 결과 영국은 산업이 발달하고 부강한 나라가 되었어. 에너지 노예를 다른 나라보다 훨씬 많이 부릴 수 있게 되었기 때문이지.

　석탄 다음에 사용하게 된 화석 에너지원은 석유야. 석유는 석탄보다 훨씬 더 쉽게 캘 수 있었고, 에너지도 더 풍부하게 가져다 주었어. 게다가 액체라서 운반하거나 보관하기도 쉬워서 여러 가지 방식으로 아주 널리 사용되었어. 그다음에 나온 게 가스야. 가스는 기체이기 때

문에 운반하거나 보관하기가 쉽지 않아. 그래도 기술이 발달한 덕에 이제는 가스를 많이 사용하고 있어.

아주 위험한 에너지

그런데 화석 연료만 가지고도 모자랐는지 50여 년 전부터는 원자력을 사용하게 되었어. 원자력은 원자 폭탄에서 시작된 거야. 폭탄을 먼저 만든 다음에 그 기술을 이용해서 전기를 생산하게 된 거지. 원자력이 처음 나왔을 때는 사람들이 이제 에너지를 정말 마음껏 쓸 수 있게 되었다고 생각했어. 석탄이나 석유를 몰아낼 거라는 예측도 했고. 당연히 아주 잘살게 될 거라고 믿었지. 에너지 노예를 더 많이 가지게 될 테니까 말이야.

그렇지만 원자력은 위험한 방사능을 내놓기 때문에 석탄이나 석유를 몰아낼 정도로 많이 퍼지지는 않았어. 그리고 체르노빌이나 후쿠시마 원자로 폭발 사고 같은 큰 사고도 여러 번 일어났어. 그 여파로 원자력을 사용하지 않기로 하는 나라도 생겨났고.

화석 에너지원도 큰 문제를 일으키고 있어. 이것들을 태우면 이산화 탄소가 발생하는데, 이게 지구를 온실처럼 만들어서 지구의 온도

를 높여. 지구 온도가 올라가면 기후가 달라지게 돼. 빙하가 녹고, 해수면이 올라가서 해안 도시들이 물에 잠기고, 여름철이 너무 더워지고, 에너지를 많이 받은 바다에서 태풍이 더 심하게 일어나는 등 사람들이 살기 어려워져.

그래서 과학기술자들은 태양광 발전, 풍력 발전 같은 기술을 개발했어. 여기서 에너지가 생산될 때는 이산화 탄소와 방사능이 나오지 않아. 지구 온난화도 막고 방사능 오염 문제도 해결할 수 있는 좋은 에너지 기술인데 아직 많이 퍼지지는 않았어. 그래도 빠르게 퍼져 나가고 있으니까 앞으로 20년쯤 지나면 석탄이나 석유를 따라잡게 될 거야.

여러 가지 에너지 가운데 인류가 가장 많이 사용하는 것은 석유야. 전체 에너지 사용량 중에서 석유가 차지하는 부분은 31퍼센트가량 돼. 석탄은 29퍼센트, 가스는 21퍼센트 정도야. 나머지는 나무, 수력, 원자력 등이 차지하고 있어. 이걸 보면 석유가 석탄보다 조금 더 많이 사용되는 것 같지만 그 방식은 질적으로 아주 큰 차이가 있어. 석탄은 주로 태워서 난방을 하거나 발전소에서 전기를 만드는 데 사용되지만, 석유는 사용되는 곳이 아주 많아. 난방이나 발전은 물론이고, 자동차, 기차, 비행기, 배 같은 운송 수단에 반드시 들어가야 해. 그뿐 아니라 우리가 주변에서 볼 수 있는 거의 모든 물건을 만드는 데 사용돼. 그러니 석유가 지금 에너지원 가운데 가장 중요한 자리를 차지하는 거야. 석유가 많이 생산되는 중동 지역에서 전쟁이 그치지 않는 것도 그 때문이지. 석유가 가장 중요한 에너지원이니까 한번 자세하게 알아보는 것도 좋겠지.

물체 1그램이 어마어마한 에너지가 된다고?

아인슈타인이 발견한 공식 $E = mc^2$을 적용해서 물체 1그램이라는 질량은 에너지로 얼마나 되는지 계산해 볼까?

빛의 속도는 1초에 3억 미터라고 해. 이걸 두 번 곱하고 여기에다 다시 1그램을 곱해서 줄이라는 에너지 단위로 표시하면, 약 90조 줄이라는 결과가 나와. 이 90조 줄을 칼로리라는 에너지 단위로 바꾸면, 21.5조 칼로리쯤 돼. 어른 한 사람이 하루에 섭취하는 칼로리가 2,500킬로칼로리쯤 되니까 860만 배나 되는 양이야. 860만 명에게 하루 식사를 제공할 수 있는 양이니 정말 어마어마하게 많은 거지.

1그램밖에 안 되는 아주 작은 물체가 그토록 많은 에너지가 될 수 있다고 하니까 온 우주를 만들 수 있었던 에너지가 처음에 한 점도 안 되는 곳에 얼마나 단단하게 뭉쳐져 있었는지 상상할 수 있겠지?

*1칼로리는 4.1855줄에 해당한다.

02 흥미진진한 석유의 역사

공룡을 본 사람이 있니?

아무도 없지?

공룡은 아주 오래전 중생대에 살았어.

중생대는 2억 4,500만 년 전부터 6,600만 년 전까지를 말하는데,

다양한 공룡들이 나타나 '공룡의 시대'라고도 불려.

그런데 이때 우리가 사용하는 대부분의 석유가 만들어졌대.

석유는 정말 오래되었지?

석유가 어떻게 만들어진 건지 알아볼까?

우리는 석유 더미에 파묻혀 산다

자동차는 대부분 기름을 먹어야 움직여. 신나게 달리다가도 기름이 떨어지면 꼼짝도 못 해. 고철보다 못한 신세가 되는 거지. 비행기도 다르지 않아. 기름을 넣어 주지 않으면 하늘로 한 뼘도 날아오르지 못해. 바다 위에서 떠다니는 배도 기름이 없으면 마음대로 움직이지 못하고, 파도와 바람이 미는 대로 정처 없이 떠돌아다니게 돼. 자동차, 비행기, 배 같은 운송 수단이 움직일 수 있게 해 주는 기름, 이게 바로 석유야. 정확하게 말하면 석유를 가지고 만든 기름이야.

그런데 이 기름들이 모두 같은 게 아니야. 자동차, 비행기, 배에 넣

는 기름이 모두 다르고, 자동차에 들어가는 기름도 여러 종류가 있지. 작은 승용차에는 휘발유가 들어가고, 큰 트럭에는 디젤유라는 기름이 들어가. 비행기에는 항공유가, 큰 배를 움직이는 데는 벙커유가 필요하지.

   석유에서 나온 기름은 자동차나 비행기를 움직이는 데만 필요한 게 아니야. 자동차나 비행기를 만드는 데도 잔뜩 들어가야 해. 우리가 자동차에 들어가려고 문고리를 잡으면, 그때부터 석유와 만나기 시작해. 문을 열고 들어가서 의자에 앉으면 석유 더미에 파묻히지. 문고리의 원료는 플라스틱이고, 의자 커버는 합성 섬유나 인조 가죽으로 되어 있고, 의자 속에는 쿠션이 있는데, 이게 모두 석유를 사용해서 만

든 거야. 인조 고무로 된 자동차 바퀴도, 철판에 바른 페인트도 모두 석유로 만들었으니 자동차는 강철과 석유로 이루어진 것이라고 할 수 있지.

우리 주위에서 석유가 들어가지 않은 것을 찾기는 아주 어려워. 석유 보일러 같은 난방 장치는 말할 것도 없고, 핸드폰, 레고 장난감, 과자 봉지, 책가방, 운동화, 슬리퍼, 생수병, 곰 인형, 아스팔트 도로, 스티로폼 같은 것에 석유

가 잔뜩 들어 있어. 옷, 벽, 방바닥, 우유팩, 콜라 캔 같은 곳에도 석유가 스며들어 있고. 심지어는 책이나 신문에도 석유가 검은색 잉크의 형태로 묻어 있지. 우리가 아플 때 먹는 약이나 상처 났을 때 바르는 약, 모기나 파리를 없앨 때 뿌리는 약, 농촌에서 해충이나 잡초를 없앨 때 뿌리는 약도 대부분 석유로 만든 거야. 석유는 화장품에도 들어가고, 가끔은 먹는 식품 속에도 들어가.

그러니 석유는 어디에나 있고, 어느 곳에나 필요한 거야. 석유가 없으면 어떤 일도 제대로 되지 않을 거야. 석유가 이토록 소중한 것인데, 사람들은 이걸 잘 모르는 것 같아. 어디선가 계속 쏟아져 나올 것으로 생각하고, 없어질 걱정은 하지 않아. 그런데 석유는 땅속에 묻혀 있는 거야. 그러니 퍼낼수록 줄어들다가 언젠가는 사라져 버리겠지. 마구 퍼 쓰면 금방 사라질 것이고. 얼마 지나지 않아 사람들은 석유가 없어 고통을 겪게 되겠지.

그런데 석유가 무엇인지 잘 모르고, 어디에서 어떻게 퍼내는지, 어디에 사용되는지 관심이 없는 사람들이 석유를 쓸 때 조심하지 않는 것 같아. 반대로 석유의 이모저모를 잘 아는 사람들은 석유를 쓰는 걸 조금 무서워하고 조심하려고 해.

해조류의 시체가 석유가 되었다고?

석유는 언제 어떻게 만들어졌을까? 지금 우리가 사용하는 석유는 대부분 공룡이 번성하던 중생대에 만들어졌어. 지금으로부터 1억 년에서 2억 년 전 사이에 중생대의 지구는 기온이 높았고, 대기 중에는 이산화 탄소가 많았어. 그 덕분에 바다는 햇빛과 이산화 탄소를 이용해서 광합성을 하는 해조류와 플랑크톤으로 뒤덮였고, 이것들의 시체가 빠른 속도로 바다 바닥에 쌓여 갔지.

생물이 죽으면 썩어서 분해돼. 부패라고 불리는 이 과정은 대부분 미생물과 산소가 있어야 진행되지. 산소는 공기 속에만 있는 게 아니라 물속에도 있어. 물에 녹아 있는 거지. 그런데 물이 차가울수록 산소가 잘 녹아 들어가. 반대로 물의 온도가 높으면 녹아 있던 산소도 공기 중으로 날아가 버리지.

따뜻했던 중생대에는 바닷물의 온도도 높았어. 산소도 바닷물 속에 많이 녹아 있지 않았을 테니 바닥에 가라앉은 수많은 해조류가 제대로 썩을 수 있는 환경이 아니었던 거야. 그래서 해조류 시체는 대부분 분해되지 않은 채 겹겹이 쌓였고, 바닷물과 섞여서 질퍽질퍽하게 되었어. 그 후 이 시체 더미 위에 수천 만 년 이상 오랜 세월에 걸쳐 육지에서 흘러 내려온 퇴적물이 켜켜이 쌓였는데, 이 퇴적물의 누르는

힘으로 해조류 층의 온도가 크게 높아졌어. 누르는 힘이 에너지를 가해서 온도를 높였던 거지.

온도와 압력이 높아지니까 해조류 시체가 변형되기 시작했어. 시체 속에 있던 물 같은 작은 분자들은 높은 온도에서 증발되어 날아가 버렸고, 탄소가 섞여 있던 큰 분자들은 쪼개져서 꿀처럼 끈적거리는 액체나 가스가 되었지. 이렇게 해서 지금 우리가 땅속에서 퍼 올리는 석유가 만들어진 거야.

아주 오랜 옛날에는 아시아, 아프리카, 아메리카 대륙이 하나로 붙

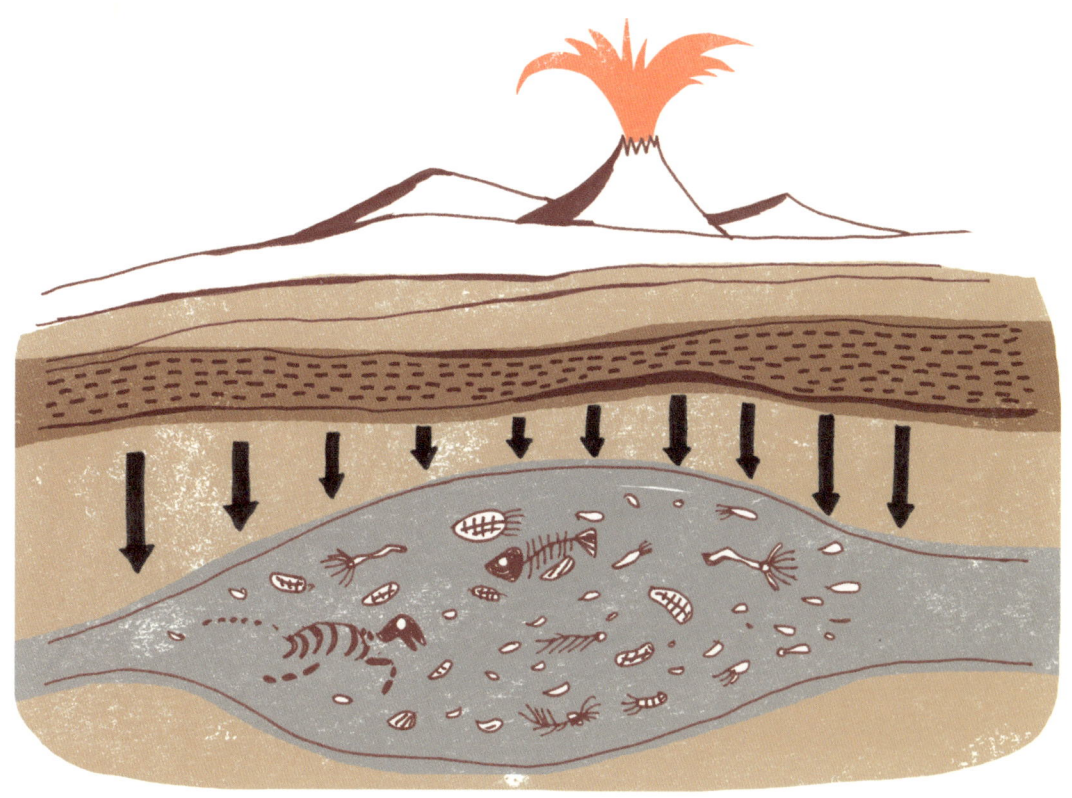

어 있었어. 이게 오랜 세월에 걸쳐 움직이고 갈라져서 지금의 대륙이 되었지. 지금도 계속 아주 느리기는 하지만 움직이고 있어. 이렇게 움직이고 있으니 중생대 때 바다였던 곳이 육지가 되고 육지였던 곳이 바다가 되기도 했겠지. 그리고 이때 바다의 수면도 크게 낮아져서 바다였다가 육지가 된 곳도 있어. 중동의 대부분 지역은 중생대 때 바다였다가 육지가 된 곳이야. 지각이 움직이며 서로 만나서 접힌 곳이 많기 때문에 석유가 모일 수 있는 지층도 발달했지.

한반도에서는 석유가 발견되지 않아. 대륙 끝에 붙어 있지만 고생대부터 육지였던 아주 오래된 땅이기 때문이야. 중생대 때 바다였다가 육지가 된 곳이 거의 없으니 석유가 묻혀 있지 않아.

자동차 덕분에 살아난 석유

인류가 석유를 사용하게 된 지는 아주 오래되었어. 물론 그때는 석유를 땅속에서 퍼 올린 건 아니고 땅 위로 스며 나온 것을 퍼 썼어. 석유를 가공하지는 못하고 원유 형태로만 사용했지.

석유를 처음으로 사용한 사람들은 5천 년쯤 전에 지금 중동 지역에 살던 바빌로니아 사람들이야. 이 나라 사람들은 나무로 만든 배에 물이 스며들지 않도록 배 바깥에다 원유를 잔뜩 먹인 천을 붙였어. 그리고 이때 이미 도로를 포장하는 데 끈적거리는 아스팔트 형태의 석유를 사용했지.

로마 제국 사람들도 도로를 포장하는 데 아스팔트를 썼어. 수천 년 전에 이미 지금처럼 아스팔트 도로가 있었던 거야. 로마 사람들은 수레바퀴가 잘 돌아가게 해 주는 윤활유로도 석유를 사용했고, 상처에 바르는 연고로도 사용했어.

중국에서도 오래전부터 석유를 알고 있었어. 2천 년쯤 전 중국 한나라 때는 지표면으로 스며 나온 석유를 '맹렬하게 불타는 기름'이라고 불렀고, 전쟁에서 불로 적을 공격하는 무기로 사용했지. 그리스에서도 석유는 적군의 배를 불태우는 무기로 사용되었어. 그 후 중국에서는 땅속에 대나무를 박아서 석유와 가스를 뽑아냈는데, 이것을 태워서 소금물을 졸이는 데 썼다고 해.

이렇게 오래전부터 석유가 알려져 있었지만, 19세기 말이 되어서야 널리 사용되기 시작했어. 자동차나 난방 보일러 등을 통해 본격적으로 우리 일상생활 속으로 들어온 건 2차 세계 대전 후야. 18세기에 영국에서 증기 기관이 발명되고 산업 혁명이 시작되기 전까지 사람들이 에너지를 얻는 데 주로 사용했던 것은 나무였어. 나무는 태워서 열이라는 형태의 에너지를 얻는 것뿐 아니라, 건물, 다리, 배, 다양한 목공품을 만드는 데 들어가는 중요한 자원이었지.

그런데 증기 기관이 발명된 다음에는 공장에서 이것과 연결된 큰 기계를 이용해서 상품을 대량으로 생산하게 되었어. 증기 기관은 처음에 영국 석탄 광산에서 물을 퍼 올리는 데 쓰이기 시작했어. 그때 이미 영국에서는 석탄을 많이 캐내어서 사용했지. 석탄은 19세기 초부터 20세기 전반까지 에너지원으로 가장 널리 사용되었어. 주로 증기 기관이나 기차의 열에너지를 공급하는 데 이용되었지만, 가스로 가공되어서 가로등을 밝히고 천을 염색하는 염료 같은 다양한 화학 물질을 만드는 데도 사용되었지.

석탄이 널리 사용되던 19세기 중엽에는 석유도 조금씩 퍼져 갔어. 등유로 가공되어 가정의 등잔불에도 쓰였고, 가로등에도 들어가기 시작했어. 그때는 석유가 주로 어두운 곳을 밝히는 데 사용되었던 거야.

그런데 19세기 말에 천재 발명가 토머스 에디슨이 전기와 백열전등을 발명하게 돼. 백열전등을 쓰면 화재가 일어날 위험이 아주 적어. 반대로 가스와 석유는 자칫 잘못 사용하면 불이 나. 가끔 폭발도 일어나서 사람들이 다치거나 죽기도 하지. 그래서 백열전등이 등장하니까 석유등이 밀려나게 되었어. 이렇게 되니 석유를 쓸 곳을 찾기 어렵게 되었어. 석유는 이제 기껏해야 윤활유 정도로만 사용되는 처지가 된 거야.

그때에도 땅속에서 나온 원유는 지금과 같이 증류라는 끓이는 과정을 거쳐서 휘발유, 등유, 중유 같은 여러 가지 기름으로 분리되었어. 그중에서 등유만 조명용으로 사용되고 나머지는 거의 버려졌어. 그런데 백열전등이 발명된 후에는 등유에도 위기가 온 거야.

사그라져 가던 석유의

토머스 에디슨

생명은 19세기 말에 자동차 엔진으로 사용된 내연 기관의 발명으로 다시 살아났어. 자동차는 1886년에 독일의 카를 벤츠라는 사람이 발명했지. 그는 휘발유(가솔린)로 돌리는 엔진을 발명해서 자동차에 달았어.

그다음에는 독일의 루돌프 디젤이라는 사람이 1893년에 디젤 엔진을 발명했어. 이 엔진에서도 석유를 연료로 사용했으니, 석유가 널리 사용될 수 있는 기반이 마련된 거야. 특히 미국에서 철로 대신 고속도로가 곳곳을 연결하고 그 위를 자동차가 달리게 되면서 석유의 수요는 크게 늘어났어.

　자동차의 뒤를 이어 비행기가 발명되었고, 여기에도 석유가 연료로 들어갔지. 게다가 석탄을 태워서 움직이던 증기선에도 대부분 디젤 엔진이 설치되었고, 성능이 훨씬 좋고 다루기 쉬운 석유를 연료로 채택했어. 석유가 사용되는 곳이 점점 더 많아져 갔지.

　20세기 초부터는 여러 가지 플라스틱이 개발되기 시작했는데, 이런 플라스틱들도 모두 석유에서 나온 물질을 이용했어. 2차 세계 대전 후에는 플라스틱이 전 세계에 널리 퍼졌고, 이에 따라 석유 사용은 더욱 늘어났지.

꼬마 시민 카페

점토층의 종 모양 지층을 찾아라!

석유는 중생대의 바다에서 만들어졌기 때문에, 그 후 지각 변동으로 육지로 바뀐 곳이나 그냥 바다로 남아 있는 곳에서 발견될 것 같지? 그렇지만 항상 그런 건 아니야. 다른 조건들도 맞아야 해. 바닷속 지층에서 생겨난 석유는 끈적끈적하지만 물보다 가볍고 액체라서 쉽게 움직여 다녀. 그래서 지층의 위쪽으로 계속해서 올라가지.

석유

중간에 장애물이 없으면 마지막에는 땅의 표면이나 바다 바닥으로 나와서 흩어져 버려. 장애물을 만났을 때는 옆에 다른 길이 있으면 그쪽으로 넘어가기도 해. 확실한 장애물이 있는 곳에서만 도망가지 못하고 가두어졌다가 나중에 발견되는 거야. 이런 장애물은 점토층으로 된 종 모양 지층이야. 점토층은 액체나 기체가 통과하지 못해. 그리고 이 점토층이 종 모양으로 되어 있어야 석유가 옆으로 빠져나가지 못하겠지.

그러니까 석유는 중생대에 바다였고, 점토층으로 된 종 모양 지층이 많은 곳에서 발견될 가능성이 높겠지?

점토층

03 석유, 어떻게 퍼 올릴까?

우물을 본 적이 있니?
우리나라도 옛날엔 마을마다 우물이 있었어.
땅을 깊숙이 파서 물이 나오면 그 물을 사용했지.
깨끗한 물이 땅속에 있는 것처럼 석유도 땅속에 있어.
육지와 바다 밑의 땅속에 고여 있지.
석유를 파는 것도 우물을 파는 것과 비슷할까?
석유가 어디에 묻혀 있는지는 어떻게 알까?
석유를 어떻게 퍼 올리는 건지 알아보자.

석유를 찾아라!

지구 상 어디에서 석유가 가장 많이 나올까? 우선 석유가 많이 묻혀 있는 곳이어야 하겠지. 그다음 퍼내기 쉬운 곳이어야 할 거고. 석유가 가장 많이 묻혀 있는 곳은 중동 지역이야. 그중에서도 사우디아라비아에 가장 많아. 그다음으로 많은 곳이 남미, 북미, 러시아야. 중동 지역에서는 사우디아라비아에 이어서 이란과 이라크에 석유가 많이 묻혀 있어. 이곳이 지각의 이동과 변동이 심하게 일어났고, 석유를 가두어 둘 수 있는 지층이 발달해 있기 때문이지.

수십 년 전부터 세계에서 석유를 가장 많이 생산하는 것으로 알려진 나라는 사우디아라비아야. 석유가 많이 묻혀 있기도 하고 퍼내기도 쉽기 때문이지. 최근에는 러시아도 사우디아라비아와 거의 비슷하게 많은 양을 생산하고 있

어. 그다음으로 미국, 중국, 이란, 캐나다, 베네수엘라 같은 나라에서 많이 생산돼.

석유는 육지에서만 퍼내는 게 아니야. 기술이 발달해서 석유가 많이 묻혀 있을 것 같으면 석유 회사는 어디든지 가서 석유를 퍼내. 깊은 바다로도 가고, 알래스카나 시베리아 같은 추운 극지방으로도 가서 퍼 올려. 처음에 바다로 석유를 캐러 나갔을 때에는 얕은 바다에 관을 박아 넣고 석유를 퍼 올렸어. 지금은 깊이가 수천 미터가 넘는 바다에도 시추선과 해상 석유 기지를 설치하고 석유를 퍼내고 있지.

석유를 퍼내려면 먼저 석유가 있는 곳을 알아내야 하겠지. 19세기에 사람들은 어림짐작으로 석유 매장지를 찾았어. 중동이나 카스피해 부근에는 불타는 검은 액체가 땅의 표면으로 스며 나온 곳이 있는데, 여기에 석유가 묻혀 있을 것으로 생각해서 땅을 파고 들어갔지.

지금은 석유를 찾아내는 탐사 기술이 크게 발달해서 여러 가지 파동을 땅속으로 쏘아서 석유가 있는지 알아내. 파동이 땅속에 들어가면 땅의 성질에 따라 변화를 일으켜. 이런 변화를 종합해서 컴퓨터로 2차원이나 3차원 지층을 그리면 석유가 있는 곳을 알아낼 수 있지. 석유를 찾아다니는 기술자들은 주로 석유 지질학이라는 공부를 한 사람들이야.

컴퓨터가 그려 준 지층을 가지고 석유가 있을 만한 곳을 찾아낸 다음에는 석유가 정말 묻혀 있는지 확인해야 하겠지. 그러려면 관을 땅속에 박아서 석유가 나오는지 알아보아야 해. 그런데 땅속 깊이 관을 박는 일은 간단한 일이 아니야. 특히 기술 수준이 낮았던 19세기에는 몇 킬로미터 넘는 아주 깊숙한 땅속까지는 관을 박아 넣지 못했어. 수백 미터까지 뚫고 들어가는 정도였는데, 이건 크게 어려운 일은 아니었지.

대나무 관을 땅속에 박아 넣다

중국에서는 대나무를 사용해서 석유와 가스를 퍼냈어. 대나무는 마디마다 막혀 있지만, 이걸 뚫어서 대나무 관을 만들고 땅속에 박아 넣었지. 그러려면 먼저 땅을 깊이 파야겠지. 땅을 파기 위해서 중국인들은 대나무 껍질로 만든 줄에다 무거운 쇳덩어리를 매달았어. 그리고 이것을 위로 올렸다가 빠르게 떨어뜨려서 땅속의 바위를 부수었지. 그러면 땅속에 바위 조각들이 많이 쌓이겠지. 그걸 꺼내야 계속 뚫고 내려갈 수 있을 것이고. 그래서 간간이 바

위를 부수는 일을 멈추고 쇳덩어리를 위로 끌어 올린 다음에 바위 조각들을 제거했지.

중국 사람들은 이렇게 해서 생겨난 구멍 속에 대나무 관을 꽂아 넣어서 땅속의 석유나 가스를 뽑아냈어. 청나라 때는 이런 방식으로 1킬로미터나 되는 깊은 곳까지 대나무 관을 묻고 가스를 퍼내어 썼다고 해.

19세기 서양에서는 중국에서 했던 것과 비슷한 방법으로 석유 관을 땅속에 집어넣었어. 달라진 것은 대나무 줄 대신에 강철 케이블, 대나

무 관 대신에 강철관을 사용한 거야. 그리고 쇳덩어리가 매달린 줄을 감았다 풀었다 하는 일을 사람이 아니라 증기 기관이 하게 되었지. 미국 최초의 대형 유전으로 1859년에 만들어진 드레이크 유전에서도 이런 방식으로 석유 관을 땅속에 박아 넣었어. 이 방식은 20세기 중엽이 될 때까지 회전식 드릴로 관을 박는 새로운 기술과 함께 꽤 오랫동안 사용되었어.

  회전식 드릴 기술은 드릴 날을 관의 끝부분에 달고 관을 회전시켜 땅속을 파고 들어가는 거야. 이 기술은 1895년에 처음 사용되었어. 이 드릴 날은 아주 강한 금속성 물질로 만들어졌고, 단단한 다이아몬드도 많이 부착되었지. 사람들은 다이아몬드라는 말을 들으면 값비싼 반지나 목걸이를 떠올리지만, 세계에서 생산되는 다이아몬드는 땅속을 뚫는 드릴 날을 만드는 데 아주 많이 사용돼. 보석 같은 장신구용으로 사용되는 것은 20퍼센트 정도야.

바다에서 석유를 뽑아 올리다

　1973년에는 석유를 수출하는 중동 국가들이 힘을 합쳐서 석유 가격을 크게 올렸어. 석유가 없으면 돌아가지 않는 세상이니 전 세계 많은 나라에 큰 위기가 닥쳤겠지. 이 나라들은 또다시 이런 일을 겪으면 큰일이라고 생각하고 중동 아닌 다른 곳에서 석유를 찾기 시작했어. 그래서 육지는 물론이고, 영국과 노르웨이 사이의 바다, 미국과 멕시코 사이의 바다, 알래스카 같은 지역에서 석유를 발견하고 뽑아내는 일을 시작했어.

깊은 바다에서 석유를 뽑아 올리는 일은 어려운 일이야. 먼저 바다 어디쯤에 석유가 있는지 알아내야 하겠지. 그러려면 바다에 '시추대'라고 불리는 작업대를 설치하고 깊은 바닷속을 뚫어야 해. 얕은 바다나 호수에는 다리를 세울 때와 같이 바닥에 기둥을 박은 다음에 그 위에 넓고 튼튼한 판을 설치하고 시추(땅속 깊이 구멍을 파는 일) 작업을 하면 돼. 그런데 깊은 바다 바닥에다 기둥을 고정하는 일은 아주 어려워. 그래서 이때는 시추대를 물위에 띄워 놓고 작업을 하지. 그래도 파도와 바람에 흔들리면 작업하기 어려우니까, 닻을 여러 개 바다 바닥에 박아 넣어서 고정해.

시추 관이 땅속으로 들어가다가 석유와 만나면 석유가 스스로 위로 솟구쳐 올라와. 석유가 들어 있는 곳은 압력이 아주 높아. 그래서 강철 관을 통해서 땅 위와 이어지게 되면 압력이 낮은 땅 위로 올라오는 거지. 그렇지만 시간이 지나면 점점 압력이 떨어지겠지. 이때는 석유가 올라오지 않게 돼. 그러면 물과 가스를 넣어서

석유를 퍼 올리기 쉽게 만든 다음에 펌프로 퍼 올리지. 유전에서 자연적인 압력에 의해서 올라오는 석유의 양은 얼마 안 돼. 대부분 끈적끈적한 형태로 암석에 달라붙어 있어. 이걸 부드러운 형태로 만들기 위해서 물과 가스를 땅속에 넣어 주는 거야.

이렇게 퍼 올려 낸 석유에는 물과 가스가 섞여 있겠지. 그래서 퍼낸 다음에 바로 석유만 따로 분리해 내야 해. 그리고 나서 이 석유를 정유 시설로 보내. 정유 시설까지 석유를 옮기는 일은 육지에서는 주로 파이프라인이 담당하고, 바다에서는 유조선이 담당해.

파이프라인은 플라스틱이나 강철로 만드는데, 큰 것은 지름이 1미터가 넘어. 그리고 아주 길게 연결되어서 멀리까지 가는 것도 많아. 캐나다 서부에서 캐낸 석유를 미국으로 전해 주는 파이프라인은 길이가 거의 5천 킬로미터에 달한다고 해.

바다에서 퍼 올린 석유는 모두 배에 실어서 육지로 옮겨. 육지에서 퍼 올린 석유도 넓은 바다를 건너려면 배에 싣

게 되지. 석유를 실어 나르는 배는 유조선이라고 하는데, 길이가 500미터에 가까운 것도 있어. 축구장의 길이가 100미터 정도니까 이것의 다섯 배나 되는 거지. 우리에게 오는 석유는 이런 배들이 중동에서부터 바다를 건너 실어 나른 거야.

석유가 모자라면 어떡하지?

석유의 쓰임새가 아주 넓어지면서 석유 소비는 해마다 크게 증가했고, 생산량도 빠르게 늘어났어. 소비가 늘어나니까 석유 회사에서 석유가 묻혀 있는 곳을 많이 찾아냈고, 유전도 크게 늘어났지. 그렇지만 석유가 땅속에 무한정 들어 있는 것이 아니니 자꾸 퍼내면 석유는 점점 줄어들게 돼. 그러면 생산되는 양이 필요한 것만큼 늘어나지 않는 일이 생겨. 석유가 모자라게 되는 거지. 2008년에 실제로 그런 일이 일어났어.

그러자 사람들이 석유를 필요할 때 구하지 못할까 봐 불안해졌어. 찾는 사람은 많은데 팔 물건이 충분하지 않으면 가격이 오르겠지? 반드시 필요한 물건일수록 더 많이 가격이 오를 것이고. 실제로 2008년 여름에 석유는 조금 모자랐는데 가격은 아주 크게 올랐어. 일 년 사이에 두 배 이상 뛰어올랐지. 이렇게 가격이 오르니까 석유 회사들은 또다시 퍼 올리기 어려운 석유도 찾아서 캐내려고 했어. 그동안 값이 너무 비싸거나 환경 오염 때문에 잘 쓰지 않던 기술을 동원하기도 했지.

이 기술 가운데 프래킹 기술이라는 게 있어. 모래를 섞은 물을 높은 압력을 이용해서 석유가 들어 있는 암석에 주입하여 암석을 터트리는 기술이야. 땅속에 있는 혈암이라는 암석은 작은 구멍을 아주 많이 가지고 있는데, 그 속에는 끈적끈적한 석유가 달라붙어 있는 경우가 많아. 이걸 떼어 내어서 퍼 올리려고 개발한 기술이 프래킹 기술이지. 이 기술로 암석을 터트리면 혈암 속 구멍에 붙어 있는 석유가 빠져나

오는 길이 만들어져.

프래킹 기술은 비용이 많이 들어서 석유 가격이 낮으면 석유를 퍼 올려도 이익이 남지 않아. 석유 가격이 크게 오르면 이 기술로도 돈을 남길 수 있어. 그러니 석유 회사들이 그동안 거의 사용하지 않았던 이 기술로 방치되어 있던 혈암 층에서 석유를 짜내게 되었어. 미국에서는 이 기술을 이용해서 2010년부터 혈암 석유를 아주 많이 생산하게 되었어. 덕분에 석유 생산량이 빠르게 늘어났고, 2014년에는 석유가 가장 많이 나는 사우디아라비아와 비슷한 정도로 많은 양의 석유를 생산하게 되었어.

기름을 어떻게 분리할까?

땅속에서 퍼 올린 석유에는 여러 가지 종류의 기름이 섞여 있어. 석유는 퍼 올린 상태 그대로 자동차나 비행기에 넣어서 쓰지는 못해. 먼저 정유 공장에서 분리를 해야 해. 석유 속의 기름을 분리하는 데 사용되는 방법은 증류법이야. 증류는 끓여서 분류하는 방법이야.

석유 속에는 낮은 온도에서 높은 온도까지 여러 온도에서 끓는 기름들이 뒤섞여 있어. 이것들을 끓이면 낮은 온도에서 끓는 것이 먼저 분리되어 나오고, 높은 온도에서 끓는 것은 나중에 분리돼. 맨 처음 프로판, 부탄, 펜탄 같은 가벼운 것들이 나오고, 그다음에 좀 더 무거운 휘발유와 납사가 나와. 이런 기름들은 대부분 200도 아래에서 끓는 것들이야. 200도가 넘어서 끓는 것들도 있는데, 이것들은 등유, 디젤유, 벙커유, 아스팔트 같은 것들이야.

납사는 주로 화학제품을 만드는 원료로 사용하지. 정유 공장에서는 이것을 잘게 쪼개어서 플라스틱이나 화학 약품의 원료로 만들어. 이렇게 쪼개는 것을 크래킹이라고 부르는데, 이 기술을 통해서 만들어지는 것들로는 에탄, 에틸렌,

프로필렌, 벤젠 같은 것들이 있어. 우리가 흔히 보는 비닐봉지나 단단한 플라스틱은 거의 모두 이런 물질들을 공장에서 여러 단계를 거쳐 가공한 거야.

의약품도 대부분 크래킹 된 석유 기름을 가공한 것이야. 머리 아플 때 먹는 아스피린도 크래킹 과정에서 나온 벤젠과 프로필렌을 붙인 다음에 가공해서 만든 거야.

열을 내릴 때 쓰는 타이레놀이나 감기약에도 석유 크래킹 제품인 벤젠이 가공된 물질이 들어 있어.

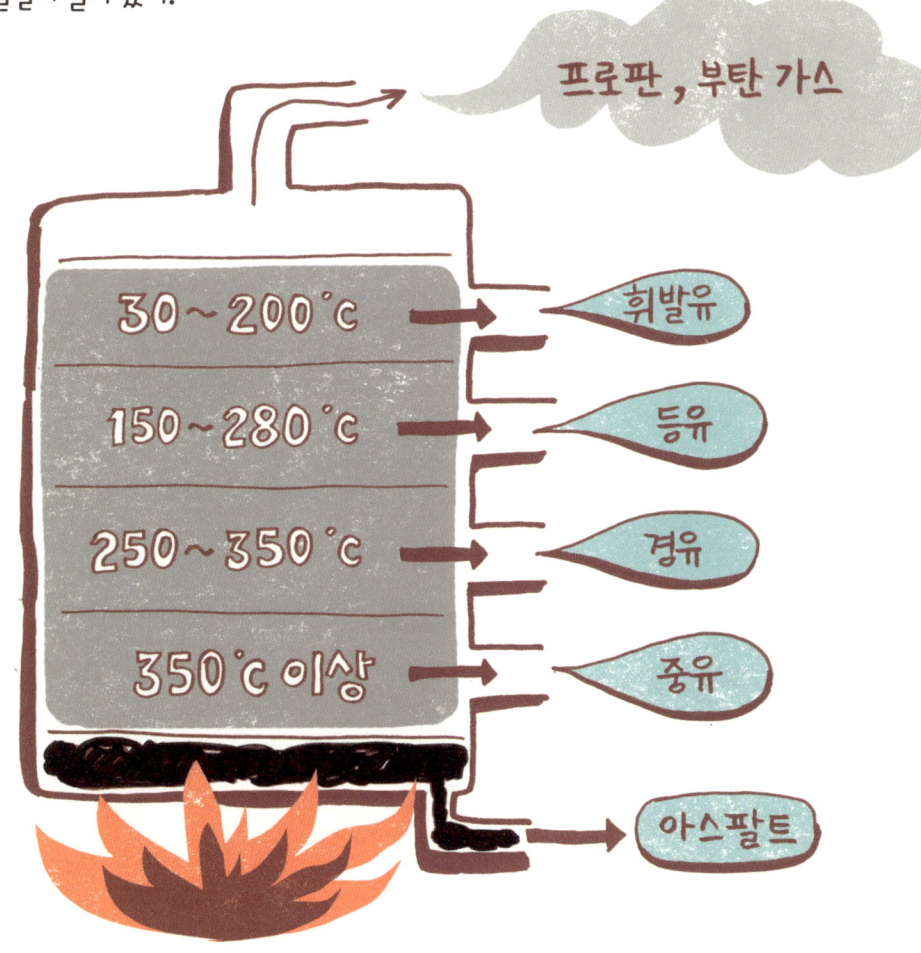

석유 때문에 휘청거리는 경제

'오일 머니'라는 말을 들어 봤니?

오일 머니는 석유를 생산하는 나라가

석유를 팔아서 벌어들인 돈을 뜻해.

사막이었던 두바이가 고층 빌딩이 가득한 화려한 도시로 바뀌었어.

이게 다 오일 머니의 힘이지.

석유를 생산하는 나라들이 석유 가격을 갑자기 올리면

세계 경제는 큰 혼란과 어려움을 겪게 돼.

석유가 한 방울도 안 나는 우리나라는

훨씬 더 휘청거리겠지.

석유와 경제는 어떤 관계가 있는지 알아볼까?

우리 석유를 돌려줘!

석유는 우리 생활의 필수품이야. 그런데 땅속 깊은 곳이나 바다 아래 묻혀 있는 석유를 뽑아 올리고 운반하는 데는 아주 많은 돈이 들어가. 그러니 석유를 퍼내고 판매하는 일은 아무나 하기 어려워. 석유가 많이 묻혀 있는 중동 지역에서는 국가가 대부분 이 일을 하지. 사우디아라비아에서는 정부가 직접 '사우디 아람코'라는 석유 회사를 운영해. 이란에서도 '이란 국영 석유 회사'가 석유를 찾고 퍼내고 판매하는 일을 모두 담당해. 사우디아라비아의 석유 회사는 세계의 석유 회사 가운데 규모가 가장 크지. 이란의 석유 회사는 세 번째야.

그런데 이 회사들은 모두 그 나라에서 처음 만든 건 아니야. 100여 년 전에 영국이나 미국의 석유 회사들이 만든 거야. 그때는 그 나라 사람들이 석유가 얼마나 귀한 것인지 잘 몰랐기에 석유 회사들은 돈을 조금 주고도 석유를 퍼 갈 수 있는 권리를 살 수 있었어. 이렇게 적은 돈으로 석유 채굴권을 얻은 회사들은 남의 나라 석유를 캐내 팔아서 큰돈을 벌었어.

그러자 그 나라 사람들이 불만을 품기 시작했어. 자기네 걸 가지고 엄청나게 많은 돈을 벌어서 혼자 독차지하는 게 너무 불공평하다고 생각한 거지. 그래서 이익을 공평하게 나누자고 요구했어. 하지만 돈벌이에 눈이 먼 석유 회사들은 이들의 요구를 거절했어. 그러자 그 나라 국민들은 석유 회사를 빼앗거나 사서 나라의 소유로 만들자는 생각을 하게 돼.

결국 이란에서는 국민들의 강한 호응에 힘입어서 1951년에 의회에서 영국 석유 회사를 나라의 소유로 하기로 결정하고 빼앗아 버려. 그러자 영국이 강하게 반발하고 돌려 달라고 요구했어. 물론 이란에서는 돌려주지 않았지.

그러자 영국과 미국에서는 회사를 다시 찾으려는 시도를 하게 돼. 그런데 이미 남의 나라 소유가 되어 버린 걸 어떻게 다시 빼앗을 수

있을까? 방법은 두 가지가 있어. 하나는 전쟁을 일으켜서 강제로 빼앗는 것이고, 또 하나는 자기 말을 잘 듣는 사람이 권력을 잡게 만드는 거야.

두 가지 방법 가운데 전쟁을 일으키는 것은 사람이 많이 죽고 돈도 많이 들어. 누가 보아도 아주 나쁜 짓이라서 욕을 잔뜩 먹을 수밖에 없지. 그래서 영국과 미국에서는 1953년에 몰래 음모를 꾸미고 돈을 뿌려서 이란 군대가 쿠데타를 일으키게 해.

쿠데타가 성공한 뒤에 영국과 미국 말을 잘 듣는 사람들이 권력을 잡게 되었어. 당연히 석유 회사를 다시 빼앗아 왔고. 하지만 그 나라 국민들이 반발할 게 두려워서 석유를 팔아서 남는 이익의 25퍼센트를 이란에 주기로 약속했어. 10년쯤 지나서는 이란이 이익의 50퍼센트를 차지하는 것으로 약속이 바뀌었지.

그 후 1978년에 이란에서는 이슬람 혁명이 일어나서 억압 통치를 하던 왕을 몰아냈는데, 이때 석유 회사는 완전히 이란 소유가 돼. 이게 지금의 '이란 국영 석유 회사'야.

사우디아라비아에서는 이란처럼 강제로 빼앗지는 않았어. 하지만 미국 회사가 가지고 있던 석유 회사 소유권을 조금씩 사들이는 방식으로 자기네 걸로 만들었지. 1973년에 25퍼센트를 사들인 다음에 1980년에는 100퍼센트를 모두 차지하게 돼.

석유를 수출하는 나라들이 힘을 합치다

중동 국가들은 이렇게 미국과 유럽의 석유 회사들과 석유 소유권이나 이익 분배를 가지고 다투는 가운데 서로 힘을 합쳐서 대항하는 게 필요하다는 생각을 하게 돼. 미국과 영국 같은 나라들은 힘이 세고 또 함께 중동 국가들에게 압박을 가하는데 중동 국가들은 그렇지 않았거든.

그래서 1960년에 중동의 이란, 이라크, 사우디아라비아, 쿠웨이트 그리고 남아메리카의 베네수엘라 이렇게 다섯 개 나라가 '석유 수출국 기구(OPEC)'라는 걸 만들어. 이 기구의 주요 목표는 세계적인 석유 회사들의 횡포에 맞서고, 석유 생산량을 조절해서 석유 가격을 꽤 높게 유지하는 거야. 여기에는 석유를 수출하는 나라만 가입할 수

있어. 그렇다고 모든 수출국이 가입한 건 아니야. 석유를 수출하지만 러시아, 캐나다, 노르웨이 같은 나라들은 회원이 아니지. 주로 중동, 아프리카, 남아메리카 국가들이 회원으로 들어가 있어.

처음에 석유 수출국 기구는 세계 석유 시장에 큰 영향을 미쳤어. 이 기구에서 회원국들 전체의 석유 생산량을 정하고, 각 나라가 얼마만큼 생산해도 되는지 정해 줬거든. 회원국들이 정해진 생산량을 잘 지키면 석유 가격을 조절할 수 있겠지. 하지만 자기네 나라만 돈을 더 벌려고 정해진 것보다 더 많이 생산하면 가격을 조절하기 어려워지겠지.

처음에 회원국들은 석유 수출국 기구에서 정한 생산량을 잘 지켰어. 석유 가격도 올라서 중동 국가들이 돈도 많이 벌었지. 하지만 지금은 이런 게 잘 안 지켜져. 돈을 더 벌려고 자기네 나라에 주어진 양

보다 몰래 더 많이 생산하는 경우가 많아. 이란과 이라크, 이라크와 쿠웨이트는 서로 전쟁을 하기도 했으니 생산량을 합의하기가 쉽지도 않아. 게다가 회원으로 가입하지 않은 러시아나 미국에서 석유를 사우디아라비아처럼 많이 생산하게 되니까, 석유 수출국 기구가 마음대로 하기도 아주 어려워졌어. 그래서 지금은 영향력이 많이 떨어졌지.

석유로 돈 버는 회사들

중동 국가와는 달리 미국이나 유럽 국가에서는 민간 기업이 석유 관련 일을 해. 이 회사들도 규모는 아주 커. 미국의 엑슨모빌이라는 석유 회사는 애플이 스마트폰을 내놓기 전까지는 세계에서 가장 값나가는 회사로 꼽혔어. 마이크로소프트, 구글, 애플, 아마존 같은 회사들이 디지털 기술을 이용해서 전 세계 돈을 긁어모으기 전에는 석유 회사들이 세계 경제를 주름잡았지. 전보다는 조금 못하지만 지금도 석유 회사들의 영향력은 아주 커. 세계에서 가장 돈을 많이 버는 10개의 회사에는 석유 회사가 서너 개나 들어 있어.

석유 회사들은 석유가 있는 곳이라면 전 세계 어디에나 가서 석유를 퍼내. 이렇게 퍼낸 석유를 시장에서 판매하는데, 석유를 사고파는 시장은 물건이 가득 쌓여 있는 마트나 전통 시장과는 달라. 마트에서는 사람들이 물건을 직접 보고 마음에 들면 그 자리에서 돈을 주고 물건을 가져오지. 그렇지만 석유는 워낙 많은 양이 거래되고, 퍼내고 운반하는 데 시간이 많이 걸려. 시장에다 쌓아 놓고 판매하는 게 불가능한 거지.

그래서 지금 석유가 필요하면 사우디아라비아 같은 곳에 보관되어 있는 석유를 돈을 주고 주문해서 몇 달 후에 받기도 하지만, 나중에

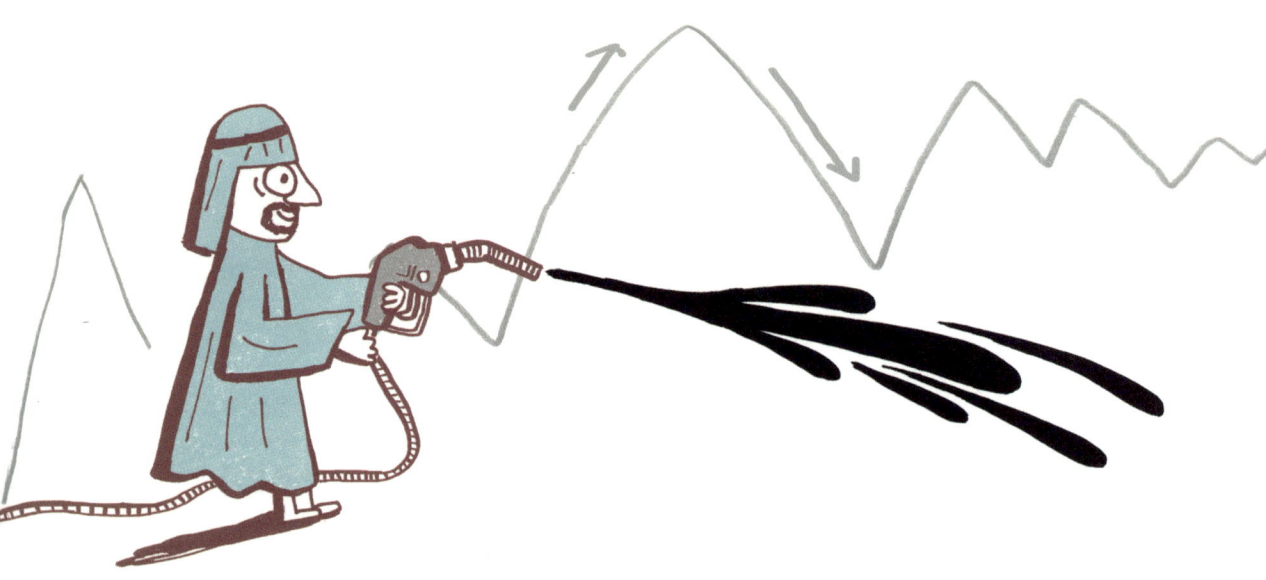

필요한 석유를 지금 사겠다고 하고 미리 돈을 주고 확보하는 방식도 있어. 이렇게 물건은 없는데 수개월이나 수년 후에 쓸 것을 미리 사고 파는 것을 선물 거래라고 해. 농작물을 판매하는 상인들이 가을에 수

확하게 될 김장 배추를 물건이 없는 봄에 미리 사 두는 것도 선물 거래에 속하지.

석유 가격은 변화가 심해. 석유 소비가 조금 늘어나도 가격이 크게

오르고, 조금 넘치게 생산된다 싶으면 가격이 폭락하기도 해. 오르고 떨어지는 폭이 다른 물건보다 훨씬 크지. 김장 배추도 가을철에 가뭄이 심해서 농사를 망치면 가격이 크게 오르잖아. 그런데 그 다음해에 농민들이 작년에 가격 높았던 것만 생각하고 많이 심어서 수확량이 늘어나면 배추 값이 크게 떨어지지. 석유 가격도 이런 식으로 오르락내리락하는 거야.

배추 가격이 오르면 중국에서 수확한 걸 들여와서 가격을 낮출 수 있어. 그렇지만 석유는 전 세계 국가에서 늘 필요한 물건이기 때문에 그런 일이 불가능해. 그래서 많은 나라에서는 비상시를 대비해서 항상 석 달 정도 쓸 수 있는 석유를 저장해 두고 있어.

인류가 석유를 본격적으로 사용하기 시작한 후에 석유 가격이 갑자기 올라간 일은 세 번 있었어.

첫 번째는 1973년에 중동 석유 수출국들이 이스라엘과 전쟁을 벌일 때 이스라엘 편을 든 미국과 유럽 국가들을 혼내 주려고 석유 생산량을 일부러 줄였어. 그러자 가격이 엄청나게 뛰어올랐지.

두 번째는 1978년에 이란에서 이슬람 혁명이 일어나서 이란의 석유 생산량이 크게 줄어들어서 가격이 뛰었지.

세 번째는 2008년 여름에 일어났어. 그 이유는 생산은 별로 늘어나지 않았는데, 소비는 꽤 많이 늘어났기 때문이었어. 이때 석유 가격이 일 년 사이에 갑자기 두 배 이상 올라갔어. 그러자 사람들이 석유를 덜 쓰게 되었지. 그러니까 이번에는 석유 가격이 일 년 안에 4분의 1로

뚝 떨어졌어. 그다음에 다시 한참 올라갔다가 2014년에는 다시 크게 떨어졌어.

　석유 가격이 올라가면 석유를 수출하는 나라들은 돈을 많이 벌겠지. 나라에 돈이 넘쳐 나니까 국민들 살림살이도 좀 나아질 거고. 중동 국가에서는 이 돈으로 사막에다 고속도로나 공장을 짓는 아주 큰 사업을 벌이기도 해. 이때 다른 나라에서 많은 사람이 일하러 들어가기도 하고. 우리나라에서도 40년쯤 전에 사람들이 많이 중동으로 일하러 갔어. 그렇지만 석유 가격이 너무 비싸지면 석유를 수입하는 나라들이 허리띠를 졸라매고 석유를 덜 쓰게 돼. 이 때문에 석유 소비가 줄어들면 가격이 다시 크게 떨어지지.

석유가 나라를 병들게 한다

　세계에서 석유를 가장 많이 생산하는 사우디아라비아는 국가에서 쓰는 돈의 90퍼센트 정도를 석유를 팔아서 마련해. 국민들이 내는 세

금은 일 년 예산의 5퍼센트밖에 안 돼. 나라 살림이 거의 석유에만 매달려 있는 거지. 그런데 2014년부터 석유 가격이 크게 떨어져서 쓸 돈이 많이 모자라게 되었어. 그러자 정부는 국민들에게 제공하는 여러 가지 혜택을 줄여 버렸어. 그러면서도 왕족은 온갖 사치를 누리면서 석유에서 나온 돈을 펑펑 쓰고 있어.

　사우디아라비아는 인구가 3천만 명이 채 안 되는데, 왕족은 7천 명이라고 해. 이 왕족들이 권력과 돈을 거의 다 차지하고 있지. 왕족은 석유를 판 돈으로 여전히 사치를 누리는데, 국민들은 허리띠를 졸라매야 하니까 불만을 많이 품게 되었지. 왕가에서는 이런 불만을 힘으로 억누르고 있어. 그렇지만 불만이 점점 커지면 언젠가는 폭발해 버릴지도 몰라.

정부도 석유에만 의존하는 게 오래 가지는 않을 것이고, 개혁이 필요하다는 걸 알고 있어. 그래서 석유를 담당하는 왕자는 2016년에 아람코 석유 회사의 주식을 팔아서 2천 조 원이 넘는 큰돈을 마련하겠다고 발표했어. 왕자는 이 돈으로 다른 산업들을 많이 일으켜서 2030년까지는 석유에서 벗어나겠다고 했어. 이 계획이 성공할 수 있을지 모르지만, 분명한 건 사우디아라비아처럼 석유가 쏟아져 나오는 나라에서도 이대로는 안 된다는 생각을 하고 있다는 거야.

다른 중동 국가들도 그걸 알고 있고 석유에서 벗어날 궁리를 하는 나라도 있어. 이란에서는 오래전에 대통령을 지냈던 사람이 "석유가 나라를 병들게 한다."는 말을 한 적도 있어. 석유를 팔아 버는 돈에만 너무 의존하다 보면 다른 산업이 발달하기 어렵겠지. 그러다가 석유 가격이 폭락하거나 석유가 나오지 않게 되면 나라 경제가 폭삭 망하는 어려움에 처할 수 있다는 거야. 그래서인지 이란은 다른 산업도 발달한 게 많아. 자동차 회사도 여러 개 있고, 철강, 금속, 정보 통신 기술도

상당히 높은 수준이지. 자동차는 수출도 해.

중동 국가들 가운데 석유에서 벗어나려고 가장 열심히 노력하는 나라는 아마 두바이일 거야. 두바이는 아랍 에미리트라는 연합 국가의 일부이지만 거의 독립된 나라라고 할 수 있어. 두바이에서는 1970년 무렵부터 석유가 나왔는데 석유를 판 돈을 이용해서 관광, 항공, 금융, 건설, 토목 같은 산업을 일으켰지. 또 세계에서 가장 높은 건물도 지었어. 이 건물 이름은 칼리파 타워라고 하는데, 높이가 829.8미터나 돼.

그뿐 아니라 바다에다 야자수 모양과 세계 지도 모양을 한 커다란 인공 섬도 만들었어. 섬에는 호화 주택들이 들어서 있는데, 모두 전 세계 부자들에게 팔려 나갔지. 이렇게 석유에서 벗어나려고 노력한 덕분에 지금 두바이 나라 살림에서 석유가 차지하는 몫은 5퍼센트밖에 안 돼.

두바이는 본토인(대대로 그 고장에서 붙박이로 사는 사람)이 얼마 안 돼. 그래서 건설 사업은 대부분 인도, 아랍 국가, 파키스탄 같은 외국에서 온 노동자들이 맡아서 해. 그런데 이 노동자들은 본토인에 비해 크게 차별을 받고 있어. 본토인들은 대부분 많은 돈을 벌면서 호화로운 생활을 하고 있는 반면, 외국 노동자들은 낮은 임금을 받으면서 창고 같은 방에서 어렵게 생활하고 있지.

석유로 돈을 아주 많이 벌고 있는 중동의 카타르는 2022년에 열리는 월드컵 축구를 위해서 축구장을 여러 개 짓는데, 이 일도 많은 외국인 노동자들이 맡아서 해. 그런데 세계 인권 단체에서는 이들이 노예처럼 학대당하면서 차별과 인권 침해를 받고 있다고 고발하고 있어.

석유를 팔아서 아주 많은 돈을 벌지만 그 돈에 맛들이지 않으려고 쌓아 두기만 하는 나라도 있어. 북유럽에 있는 노르웨이는 앞바다에서 석유가 많이 나와. 그런데 노르웨이는 석유를 팔아서 돈이 많이 생겼다고 흥청망청 썼다가는 나중에 석유가 떨어졌을 때 큰 어려움에 처할 거라고 생각하고 조금만 쓰고 모아 두기로 결정했어. 이렇게 해서 지금까지 쌓인 돈이 거의 천 조 원이나 되지. 어마어마하게 큰 돈이지만, 이 돈은 나중에 석유가 떨어지고 노인들이 많아지는 때가 왔을 때 쓰도록 되어 있어. 지혜로운 결정이지.

꼬마 시민 카페

석유를 퍼 오려고 세금을 낭비했다고?

석유를 많이 소비하고, 이걸 모두 다른 나라에서 사 와야 하는 우리나라는 석유 가격이 오르내리는 것에 영향을 너무 많이 받아. 그래서 이런 영향을 줄이기 위해 생각해 낸 것이 있어. 바로 우리나라 회사들이 해외에 나가서 직접 유전을 개발해서 석유를 퍼 오는 거야. 이걸 '자주 개발'이라고 불러. '자원 외교'라고도 하지. 그런데 자주 개발을 하려면 남의 나라 땅을 그 나라 정부의 허락을 받아서 사거나 빌려야 해. 돈이 아주 많이 들어가는 일이지. 그렇지만 성공하기만 하면 퍼낸 석유를 직접 들여올 수 있어. 세계 시장에서 석유가 모자랄 때 석유를

확보하려고 크게 애쓰지 않아도 된다는 장점이 있지.

그래서 2000년쯤부터 우리나라 정부와 기업들이 돈을 많이 들여서 외국에서 직접 석유를 개발하는 사업에 나섰어. 하지만 들인 돈에 비해서 결과는 아주 초라했어. 성공한 게 거의 없었어. 그 이유는 정부가 소유한 회사들이 위에서 시키니까 책임감 없이 마구 달려들었고, 여기에 대통령과 줄이 닿는 사람들이 끼어들었기 때문이야. 이명박 정부 때는 석유 자주 개발을 크게 늘리라는 지시가 나왔어. 이걸 달성하기 위해서 정부 밑에 있는 석유 공사라는 곳에서 세계 여기저기에 돈을 쏟아 부었지. 하지만 시간을 두고 면밀하게 검토하지 않고 추진한 탓에 손해만 잔뜩 보았어. 석유는 정말 개발부터 이용까지 신중히 생각하고 엄밀히 따져야 해. 그렇지?

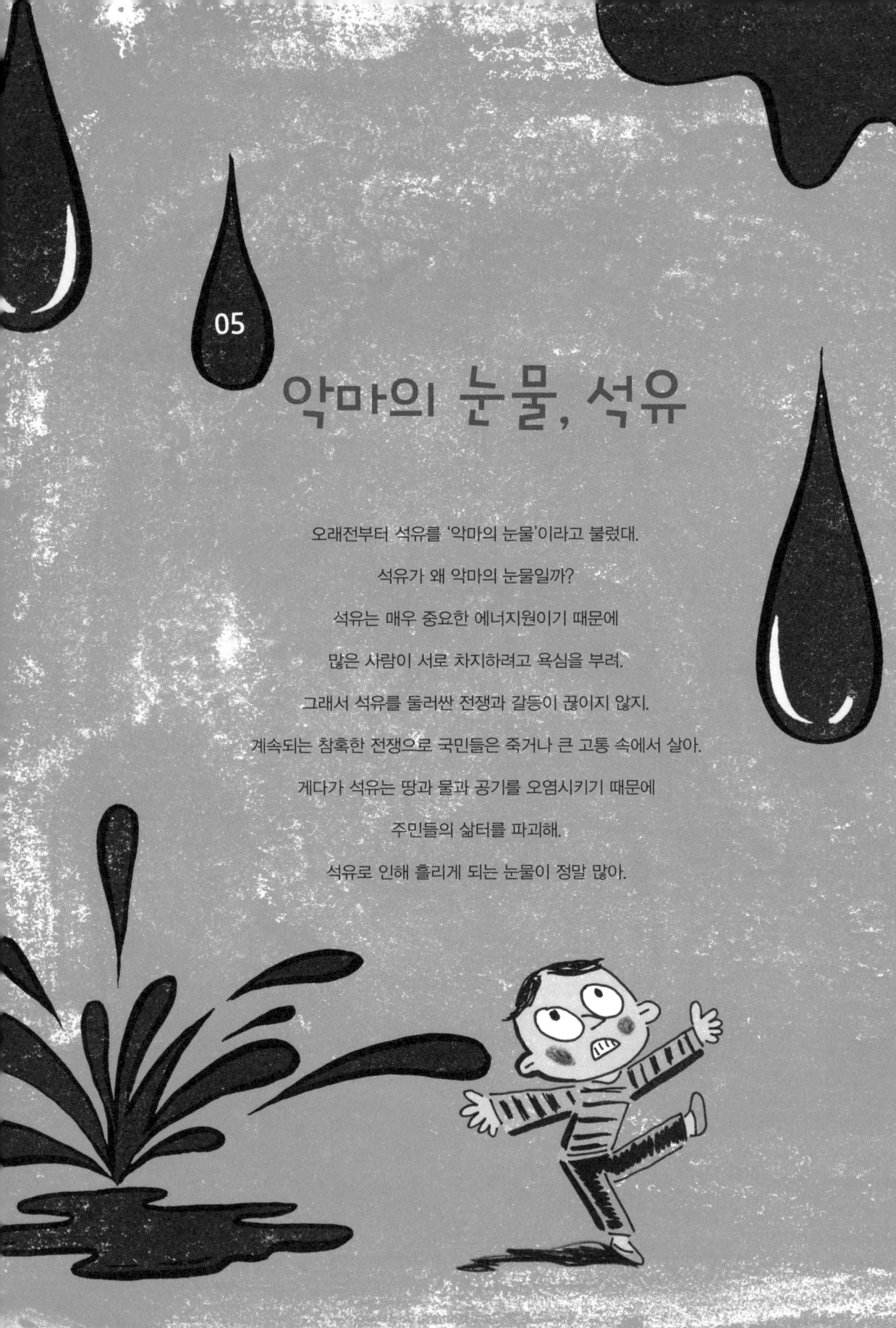

05 악마의 눈물, 석유

오래전부터 석유를 '악마의 눈물'이라고 불렀대.

석유가 왜 악마의 눈물일까?

석유는 매우 중요한 에너지원이기 때문에

많은 사람이 서로 차지하려고 욕심을 부려.

그래서 석유를 둘러싼 전쟁과 갈등이 끊이지 않지.

계속되는 참혹한 전쟁으로 국민들은 죽거나 큰 고통 속에서 살아.

게다가 석유는 땅과 물과 공기를 오염시키기 때문에

주민들의 삶터를 파괴해.

석유로 인해 흘리게 되는 눈물이 정말 많아.

석유 때문에 일으킨 전쟁

석유가 없으면 모든 게 마비되기 때문에 필요할 때 적당한 가격으로 석유를 살 수 있어야 해. 그래서 석유를 수입하는 나라에서는 석유 가격이 크게 변동하지 않기를 바라고, 중동 국가들이 석유를 충분히 공급해 주기를 바라지. 하지만 중동에서 전쟁이나 폭동 같은 일이 일어나면 석유가 제대로 생산되지 못하겠지. 그래서 석유를 수입하는 힘센 나라들 중에는 중동에서 전쟁이 일어나는 걸 방지하려고 그 지역 국가들을 관리하고 조종하는 나라도 있어.

이 중에서 미국이 중동 국가에 가장 큰 영향력을 미치고 있지. 미국은 중동이 불안해지는 걸 막기 위해서 사우디아라비아, 이집트, 쿠웨이트 정부나 군대와도 긴밀하게 협력하고 있어. 쿠웨이트와 사우디아라비아에는 미국 군대가 가 있기도 해.

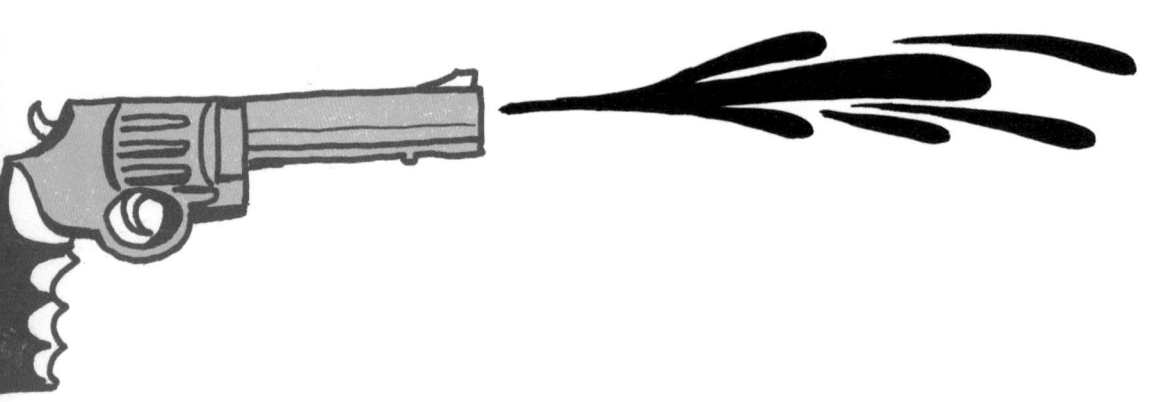

이렇게 미국과 중동 국가들이 노력을 해도 중동에서는 전쟁과 갈등이 전 세계에서 가장 많이 일어나. 바로 석유 때문이지. 국경 근처에서 나오는 석유가 서로 자기네 거라고 주장하면서 나라들끼리 전쟁을 벌여. 그리고 나라 안에서는 반란군들이 유전을 차지하려고 전쟁을

일으켜. 전쟁에서 이기면 권력도 잡고 석유에서 나오는 돈도 모두 차지하게 되니까 전쟁이 그치기 어려운 거야. 즉, 중동에서 일어나는 전쟁의 중심에는 석유가 있어.

게다가 미국 같은 힘센 나라에서 석유 공급이 안정적으로 이루어지

게 하겠다는 구실을 붙여서 여기에 군대를 동원해서 끼어들어. 그러면 지역 주민들의 반미(미국에 반대함) 감정이 폭발하기도 해서 일이 아주 복잡하게 돌아가.

  석유 때문에 일어난 충돌은 여러 번 있었어. 1990년에는 이라크가 석유 때문에 쿠웨이트를 침공해서 잠깐이지만 합병한 일도 있어. 이라크가 침공한 이유로 내세운 것은 쿠웨이트가 석유 수출국 기구에서 결정한 석유 생산량보다 더 많은 석유를 생산하고, 국경 근처에 있는 자기네 땅속에서 몰래 석유를 훔쳐 갔다는 거야. 물론 이라크가 못된

짓 하는 것을 미국이 가만히 보고 있지 않았지. 그래서 유럽 국가들과 함께 무서운 무기들을 동원해서 이라크군을 공격해. 결국 이라크는 쿠웨이트에서 쫓겨나고 항복하고 말았지.

2003년에는 미국이 이라크를 침공해. 핑계는 이라크의 독재자 후세인이 한꺼번에 아주 많은 사람을 죽일 수 있는 무기를 잔뜩 쌓아 놓고 테러를 준비한다는 것이었지만, 실제로 그런 무기는 없었어. 그래서 미국이 침공한 중요한 이유는 미국 말을 안 듣는 후세인이 장악하고 있던 이라크 석유를 미국이 주물러 보려고 했기 때문이라는 이야

기가 있어. 그런데 미국이 이라크를 침공한 후에 중동 지역은 전쟁과 테러에서 헤어 나오지 못하고 있고, 이라크 국민들은 큰 고통 속에서 살고 있어.

중동 국가들에서 독재가 오랫동안 유지되는 이유 가운데 하나도 독재자가 외국 석유 회사의 도움을 받기 때문이야. 석유 회사들은 독재자와 한번 계약을 맺으면 독재자가 정권을 쥐고 있는 동안은 계속 석유를 퍼내서 팔아먹을 수 있지. 그러니 독재자를 돕는 게 자기네들에게는 유리해. 독재자는 이런 석유 회사한테서 막대한 돈을 받으면 그 돈을 이용해서 힘을 키워 독재를 오래 유지할 수 있어.

주민들의 삶을 파괴하는 석유

석유는 같은 나라 사람끼리 싸우게 하기도 해. 석유가 큰돈을 가져다주고 특권을 가진 사람들만 이 돈을 차지하니까 그 돈을 가지고 싶어 하는 사람들이 싸움을 일으키는 거야. 그런데 정부를 차지한 특권층은 그 돈을 나누려 하지 않으니까 나라 안에서 싸움이 크게 벌어지는 거지.

아프리카에서 석유가 가장 많이 나오는 나이지리아에서는 오랫동안 석유를 차지하려는 사람들 사이에서 전쟁이 벌어졌어. 아프리카 수단에서도 같은 나라 사람들끼리 전쟁을 오래 벌였는데, 석유를 차지하려는 욕심이 없었으면 전쟁이 그렇게 오래 가지 않았을 거야.

석유가 묻혀 있는 땅에서 오랫동안 살아온 원주민들과 석유 회사나 정부 사이에서 싸움이 벌어지는 경우도 종종 있어. 나이지리아에서는 오고니 족 사람들이 살고 있던 지역에서 석유가 많이 발견되었어. 그러자 쉘과 쉐브론이라는 세계적인 석유 회사가 와서 석유를 퍼 올리기 시작했지. 그런데 퍼 올리는 과정에서 석유가 새어 나가서 땅을 크게 오염시켰어. 이 때문에 많은 사람이 삶터를 잃고 죽기도 했어. 당연히 오고니 사람들도 가만히 있지 않았겠지. 이들은 오고니 생존 운동을 조직했고, 석유 회사를 몰아내려는 저항 운동을 시작했어.

저항은 평화적으로 진행되었지만, 나이지리아 군사 정부는 외국의 석유 회사 편을 들었어. 그래서 이 운동을 무자비하게 억압하고, 지도자였던 켄 사로 위와라는 시인에

게 사형 선고를 내려서 죽였어. 그래도 저항이 심해지니까 쉘 회사는 석유를 퍼 올리던 것을 중지한 후에 장비를 모두 쓰던 상태로 버려두고 떠나 버렸지. 오염된 땅도 그대로 두고. 지금도 여기서는 석유가 새어 나와서 땅과 물을 오염시키고 있다고 해.

이렇게 석유 회사들은 석유로 돈만 벌 수 있다면 여기저기에 가서 못된 짓들을 많이 해. 오고니 사람들은 나중에 쉘 본부가 있는 영국 법정에서 재판을 해서 배상금을 좀 받았어. 그래도 석유로 오염된 땅이 복구되지 않기 때문에, 오염된 땅에서 계속 고통스럽게 살아가고 있지.

아메리카 대륙의 중부나 남부의 원시림에 사는 원주민들도 석유 회사들이 들어와 그들의 삶터를 짓밟는 것에 저항하는 운동을 벌이고 있어. 갈라파고스 섬이 속해 있는 에콰도르라는 나라는 국립 공원에 석유가 많이 묻혀 있는데, 나라에서는 이 석유를 퍼내어서 나라 살림에 쓰고 싶어 했어. 하지만 이 국립 공원은 희귀한 동물과 식물들이 잔뜩 있는 낙원 같은 곳이야. 원주민도 원시림 깊숙한 곳에 살고 있어. 석유를 퍼내기 시작하면 이 낙원이 망가질 거야. 원주민은 물론이고 세계의 자연 보호 운동 단체들도 석유를 개발하는 걸 반대했지.

석유에서 나오는 큰돈으로 나라 살림을 윤택하게 하고 싶은 마음과 국립 공원과 원주민을 보호하고 싶은 마음 사이에서 고민하던 대통령이 2007년에 한 가지 아이디어를 냈어. 그건 전 세계에서 국립 공원에서 퍼낼 석유로 마련할 수 있는 돈의 절반만 기부해 주면 석유 개발을 포기하겠다는 거야. 좋은 아이디어지만 호응은 크지 않았어. 대통령이 제시한 돈이 4조 원쯤 되는데, 기부하겠다고 약속한 돈은 2천억 원

밖에 안 되었지. 그래서 에콰도르에서는 안타깝게도 석유를 다시 개발하기로 했다고 해.

　아시아에서도 석유가 많이 나오는 인도네시아에서 석유 때문에 원주민과 석유 회사, 원주민과 정부 사이에서 충돌이 많이 벌어졌어. 인도네시아 석유의 절반 정도는 수마트라 섬 서쪽 끝에 있는 아체라는 지역에서 나와. 아체는 원래 독립 왕국이었어. 그래서 아체 사람들은 네덜란드가 점령하려고 했을 때도 수십 년 동안 맞서 싸웠어. 2차 세

계 대전 때 일본군이 쳐들어왔을 때는 일본과 싸웠지. 세계 대전 후에는 인도네시아 땅이 되었고, 얼마 후 석유 개발이 시작되었어.

많은 아체 사람들이 자기 땅에서 쫓겨나고 오염된 땅과 물과 공기로 고통을 당하게 되었어. 하지만 석유로 얻은 이익은 미국 회사와 인도네시아 정부가 대부분 가져갔어. 당연히 이들은 석유로 얻은 이익을 자기네한테도 주어야 한다고 주장했지. 하지만 거부당했고, 아체 해방 전쟁을 시작했어.

그런데 여기서 석유를 퍼내던 미국의 엑슨모빌이라는 회사는 인도네시아 군대를 고용해서 아체 주민들을 억압했어. 인도네시아 정부도 직접 군대를 보내서 아체 해방군을 진압했어. 2004년에 쓰나미로 아체 사람들이 17만 명이나 죽은 다음에야 평화 협정을 맺고 전쟁을 끝냈지만, 지금도 아체 사람들은 석유가 가져온 오염으로 고통받고 있다고 해.

이렇게 석유가 전쟁을 불러오고 주민들의 삶터를 파괴한다는 걸 생각하면 석유가 많이 나오는 것이 좋은 것만은 아닌 것 같아. 그뿐 아니라 석유가 너무 많이 나와서 온 나라가 석유에만 매달리다가 나중에 석유 가격이 떨어지면 큰 어려움을 겪기도 하잖아. 그래서 오래전부터 석유를 '악마의 눈물'이라고 부르기도 해.

석유 회사는 돈만 벌면 된다고?

석유 회사들은 최대한 돈을 적게 써서 석유를 퍼 올리려고 해. 그래야 이익이 많이 남고 많은 돈을 벌 수 있거든. 사실 회사들은 거의 대부분 돈을 많이 벌려고 해. 나라에서 감시하지 않으면 세금을 뒤로 빼돌리기도 하지. 물건이 안 좋아도 고객들이 가만있으면 상관하지 않는 회사도 많아. 그러다가 고객들이 항의하면 장사가 안 될 것 같으니까 잘못을 인정하고 교환해 주기도 하지.

우리나라에서 가습기 살균제 때문에 많은 사람이 죽었는데, 오랫동안 정부가 살균제를 만드는 회사들을 규제하지 않았기 때문이야. 그러니 사람이 죽을 수 있는 위험한 물질이라도 돈만 벌면 된다고 생각하고 계속 만들어 판 거지. 돈을 아주 많이 버는 석유 회사들도 가습기 살균제 회사와 큰 차이가 없어. 감시하는 눈이 없으면 땅속이나 바닷속에서 퍼낸 석유가 주변의 숲이나 농토나 바다를 오염하든 말든 상관하지 않아. 이로 인해 주변 동식물들과 주민들이 고통을 받아도 눈 하나 깜짝하지 않지.

반대로 감시의 눈이 번득이는 곳에서는 보호 장치와 안전장치를 설치해서 석유가 새어 나가지 않도록 해. 주민들을 위해서 학교나 체육관, 병원을 지어 주는 일도 열심히 하지. 그렇게 하지 않으면 자기네 회사의 평판이 나빠지고 이 때문에 돈 벌이가 잘 안 될 수 있기 때문이야. 그래서 감시와 항의가 있는 곳에서는 석유로 인한 환경 오염은 덜 발생하게 돼.

그런데 사람이 많이 살지 않는 곳에서는 석유 개발 때문에 발생하는 오염을 감시하기 어려워. 또 석유 개발이 어떤 결과를 가져오는지 잘 모르면 감시하기도 쉽지 않지.

반면에 사람들이 많이 몰려 사는 도시에서는 석유가 반드시 필요해. 물론 석유가 환경에 나쁘다는 것도 잘 알고 있지. 석유를 직접 태우거나 자동차에 넣고 태우면 미세 먼지가 나온다는 것도 알고 있고. 미세 먼지는 아주 작은 알갱이라 들이마시면 세포 속으로 들어가서 우리 몸을 손상시킨다고 하지. 그래서 지금 세계 여러 나라에서는 미세 먼지를 줄이려고 궁리를 많이 하고 있어. 하지만 자동차를 못 타게 할 수는 없잖아? 그래서 전기 자동차를 많이 타게 하고, 천연가스 버스를 보급하려 하고 있어.

도시 사람들은 이렇게 석유에 대해 잘 알고 있으니까 자기 동네 옆에서 석유를 개발하거나 석유를 가공하는 공장을 세우려 하면 심하게 반대하지. 땅과 물이 오염되고, 공기까지 숨쉬기 어렵게 되니 반대하는 게 당연하겠지. 어쩔 수 없이 석유 회사가 동네에 들어오게 되면 감시를 철저히 해. 조금만 이상한 일이 생겨도 항의를 하고 말이야. 정부에서도 동네 사람들 편을 잘 들어줘. 잘못하면 다음 선거에서 지게 되거든. 그래서 석유 회사도 이런 곳에서는 오염이 발생하지 않도록 세심하게 유의해.

이걸 보면 석유 회사나 정부가 사람들이 어디 사느냐, 힘이 얼마나 있느냐에 따라서 차별을 많이 하는 것 같지. 이렇게 석유 때문에 사람들이 희생당하는 일은 지금도 세계 곳곳에서 일어나고 있어.

우리나라 바다를 뒤덮은 석유

석유를 땅속에서 퍼내다가 석유가 새어 나오면 땅과 물이 오염된다고 했지. 그런데 석유는 퍼낼 때뿐 아니라 옮기거나 사용할 때도 많은 환경 오염을 일으켜. 석유를 옮겨 주는 파이프라인을 설치하려면 상당히 넓은 숲과 강을 파괴해야만 해. 설치된 후에는 파이프라인의 작은 틈을 통해서 석유가 새어 나오는데, 이게 땅, 호수, 지하수를 오염시키지. 그러면 오염된 곳에서는 동식물이 살아가기 어려워져. 파이프라인이 낡아지면 틈이 더 많이 생기고 오염도 더 심해져.

석유를 유조선에 싣고 바다를 건널 때에도 조심해야 해. 석유를 운반하다가 사고로 석유가 바다로 흘러나와서 어장과 양식장을 파괴하는 일이 벌어질 수 있거든. 우리나라에서도 이런 오염 사고가 여러 번 일어났지.

2007년에는 충남 태안군 앞바다에서 삼성 중공업의 크레인과 홍콩 유조선이 충돌하는 사고가 일어났어. 이 충돌로 유조선 탱크에 있던 석유 8만 배럴이 새어 나와서 주위의 바다를 크게 오염시켰어. 그곳 양식장에서 자라던 조개나 생선이 모두 죽었고, 어장도 크게 훼손되었어. 주민들이 큰 피해를 입은 것은 물론이지.

석유가 바다로 흘러나오면 복구하는 데 시간이 오래 걸려. 육지에서 석유 오염이 일어나면 오염된 흙을 모두 걷어 내고 새 흙을 쏟아 부으면 짧은 시간 안에도 복구할 수 있어. 하지만 바닷

물은 흘러 다니기 때문에 석유가 아주 넓게 퍼지고, 바다 밑바닥으로도 내려가. 그러니 이걸 복구하는 게 정말 어렵고, 시간이 많이 걸리는 거야.

태안에서도 오염된 지역이 넓어서 많은 주민이 피해를 입었어. 오염으로 오랫동안 양식도 못하고 고기잡이도 잘 안 되자 낙담한 끝에 스스로 목숨을 끊은 사람도 여럿 생겼지. 정부나 삼성 같은 사고 관련 회사에서 보상이나 오염 제거를 제때 해 주지 않아서 더 힘들었을 거야. 정부에서는 처음 석유가 새어 나갔을 때 여러 가지 조치를 했지만, 넓게 퍼진 오염을 제거하지는 못했어. 그래서 전국에서 백만 명이 넘는 사람이 오염 제거 봉사를 하러 태안으로 왔지. 나중에 태안 주민들은 보상을 좀 받았어. 하지만 보상 액수도 얼마 되지 않았고, 액수

가 많았다고 하더라도 오염으로 받은 고통을 보상해 주지는 못해.

태안 앞바다 사고 전에도 바다에서 석유로 인한 큰 사고가 있었어. 1995년에 여수 앞바다에서 시프린스라는 유조선이 태풍으로 파손되어서 석유가 4만 배럴이나 흘러나온 일이 있었지. 석유는 여수에서 시작해서 부산 앞바다까지 수백 킬로미터의 바다를 뒤덮었어. 2014년에도 여수 앞바다에서 유조선 사고가 나서 석유 16만 리터가 새어 나온 일도 있었지.

이처럼 석유로 인한 사고는 피해 규모가 굉장히 커. 복구하는 데 시간과 돈도 많이 들고 말이야. 그러니 석유를 쓸 때는 각별히 조심 또 조심해야 해.

세계 최악의 석유 오염 사고

세계 여러 지역에서는 우리나라 바다에서 일어난 사고보다 훨씬 큰 사고가 여러 번 일어났어. 가장 큰 유조선 사고는 캐나다 서부와 알래스카 해안을 오염시킨 엑슨 발데즈호 사고였어. 엑슨모빌 석유 회사 소유인 이 배는 1989년 3월에 알래스카 해안의 산호초에 걸려서 25만 배럴의 석유를 바다에 쏟아 냈어. 이 사고로 알래스카 해안 2,100킬로미터와 수만 제곱킬로미터의 바다가 석유로 뒤덮였지. 이 때문에 어류, 바다 조류, 해달, 물개 등의 서식지가 파괴되고, 바다 새 약 20만 마리, 해달 수천 마리, 물개 300여 마리 등 수많은 동물이 죽었어.

새는 날아다닐 수 있는데, 이렇게 많이 죽는 이유가 뭘까? 기름이 깃털 속으로 들어가면 깃털의 방수 작용이 파괴돼. 차가운 물이 깃털 속으로 들어올 수 있게 되는 거지. 깃털은 보온 작용을 해서 추운 바다에서도 새들이 살아갈 수 있게 만드는데, 차가운 바닷물이 들어오면 새들의 체온이 떨어져서 며칠 만에 죽어. 그리고 끈적거리는 기름이 묻으면 날개를 제대로 펴지 못해서 날기 어렵게 돼. 그러면 먹이를 제대로 찾지 못해서 죽게 되지.

엑슨모빌은 많은 돈을 들여서 석유 오염을 제거하려는 노력을 했어. 오염 제거를 위해서 석유 회사에서 쓴 돈은 2조 원이나 되었지. 그래도 오염은 잘 제거되지 않았고, 아주 오랫동안 지속되었어. 지금도 곳

곳에서 오염이 확인되고 있다고 해. 과학자들은 오염이 제거되고 새들의 서식지가 완전히 회복되는 데는 수십 년 이상 걸릴 것으로 추정하고 있어.

엑슨모빌에서는 피해를 입은 알래스카 사람들을 위한 보상금도 내놓았어. 아주 여러 차례 재판을 한 끝에 액수를 많이 깎았지. 그래도 수천 명에게 각각 2~3억 원씩은 돌아갈 수 있는 큰돈이었어.

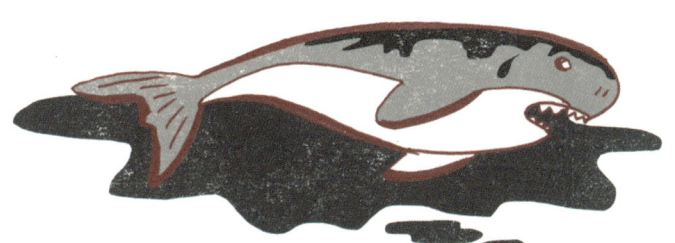

2010년에는 엑슨 발데즈호 사고보다 더 큰 석유 오염 사고가 일어났어. 이 사고는 지금까지 일어난 석유 오염 사고 가운데 가장 큰 사고야. 이번에는 석유가 유조선에서 흘러나오지 않고, 해상 석유 기지에서 깊은 바다에 박은 석유 관에서 터져 나왔어.

2010년 4월 20일에 영국 석유(BP)가 운영하는 미국 멕시코 만의 딥워터 호라이즌이라는 해상 석유 기지에서 일어난 일인데, 여기에서는 돈은 적게 들지만 위험한 방식으로 석유를 뽑아낸 탓에 커다란 폭발이 일어났어. 해상 석유 기지는 좁은 곳에 석유가 잔뜩 있으니 안전 관리를 철저히 하지 않으면 큰 사고가 일어날 위험이 커. 그런데 이날 그런 사고가 일어난 거야. 이 때문에 11명의 기술자가 죽고 기지는 바다로 가라앉아 버렸어.

바닷속에 박혀 있던 석유 관은 어떻게 되었을까? 원래는 기지와 연결되어 있었지만 기지가 없어졌으니 끊어져 버렸겠지. 그리고 석유는 계속 바다로 흘러나왔을 테고. 영국 석유에서는 이 석유 관들을 막기 위해서 필사적으로 노력했어. 석유가 콸콸 쏟아져 나오는데 빨리 막지 않으면 아주 넓은 바다가 오염될 게 뻔하잖아. 하지만 깊은 바닷속에 있는 관을 막는 일은 쉬운 일이 아니겠지. 여러 방법을 써서 관을

막으려고 노력했지만 계속 실패하다가 87일 만에 겨우 관을 막을 수 있었어.

물론 그동안 많은 석유가 바다로 쏟아져 나왔지. 490만 배럴이나 되는 석유가 바다로 나왔다고 해. 우리나라 태안 앞바다에 흘러나온 석유의 60배, 엑슨 발데즈호 사고 때 흘러나온 석유의 20배나 되는 어마어마하게 많은 양이야. 이로 인해 미국 멕시코 만의 바다 18만 제곱 킬로미터가 오염되었어.

이 사고로 영국 석유는 아주 큰 손해를 보았어. 우선 주식 시장에서 영국 석유 주가가 절반으로 떨어져 버렸어. 이건 회사의 재산 절반이 날아가 버린 거나 마찬가지야. 그리고 석유 관을 막고 사고 처리를 하는 데 4조 원 가까운 돈이 들어갔어. 잘못을 저질렀으니 미국 정부에 벌금도 내야 했겠지. 이게 5조 원가량 되었어. 그런데 이게 다가 아니야. 피해를 입은 지역 사람들에게 주어야 할 보상금이 남아 있지. 이 보상금이 8조 원이나 되었어.

영국 석유에서는 이 돈을 겨우 마련해서 망하지는 않았어. 하지만 돈 조금 아끼려고 하다가 일어난 이 사고 하나로 세계에서 10번째 안에 드는 큰 회사가 망할 지경까지 갔다는 건 석유가 얼마나 무서운지, 잘못 다루면 어떤 일이 일어나는지 잘 보여 주고 있어.

미국이 전 세계 석유의 5분의 1을 쓴다고?

미국은 전 세계 석유 생산량 중 20퍼센트를 써.

미국은 인구가 전 세계 인구의 20분의 1도 안 돼.

그런데 석유는 5분의 1을 쓰니까, 미국 사람들은 정말 석유를 많이 쓴다고 할 수 있어. 도대체 어디에다 그 많은 석유를 사용하는 걸까?

미국 사람들은 대부분 넓게 흩어져서 살아. 자동차가 없으면 일터에 나가거나 시장에서 장을 보기가 아주 어려워. 그래서 거의 모든 가정에 자동차가 있지. 시내에서 조금 떨어진 곳으로 나가면 자동차가 두세 대 있는 집도 많아. 엄마와 아빠가 따로 움직여야 하는 집이 많거든. 미국 사람들은 비행기도 아주 많이 타. 비행기로 출퇴근하는 사람들도 꽤 있다고 해. 이 때문에 미국에서는 교통에 아주 많은 석유가 들어가지. 미국 사람들이 쓰는 석유 중에서 약 70퍼센트가 교통을 위해서 사용돼. 미국 사람들은 농사지을 때에도 석유를 많이 써. 농장이 아주 넓어서, 트랙터는 물론이고 비행기까지 동원해서 농사를 짓기 때문이야.

미국은 군대에서도 석유를 많이 쓴다고 해. 미국 군대는 비행기, 함정, 탱크,

장갑차, 헬리콥터를 아주 많이 가지고 있어. 그런데 이런 것들은 움직이려면 자동차보다 훨씬 많은 석유가 필요해. 탱크는 100킬로미터를 달려갈 때 석유 400리터를 사용하고 초음속 전투기는 100킬로미터를 날아가는 데 250리터의 석유가 필요해. 무기들이 이렇게 석유를 많이 먹기 때문에, 미국 정부에서 소비하는 석유의 90퍼센트 이상은 군대에서 사용한다고 해. 세상에 무기가 사라지면 그만큼의 석유가 늘어나지 않을까?

앞으로 석유는 어떻게 될까?

유조선이 태풍을 만나서 부서지면 석유가 흘러나와.
석유로 인한 오염은 제거하는 게 너무 어렵고 시간도 오래 걸려.
석유는 쓰기에는 편리하지만,
잘못하면 우리 삶과 환경을 위태롭게 해.
또 석유는 언젠가는 없어질 거라는데,
우리는 석유를 어떻게 써야 할까?
석유가 없는 미래는 어떤 모습일까?
함께 생각해 보자.

석유가 없는 세상은 어떤 모습일까?

앞으로 석유는 어떻게 될까? 점점 없어지고 있다는데 완전히 없어지는 게 언제일까? 석유가 들어 있지 않은 것이 거의 없다는데, 석유가 없어지면 우리는 어떻게 살아야 할까? 석유 없이도 자동차와 비행기를 타고, 따뜻한 물로 목욕하고, 여름에 에어컨을 틀면서 시원하게 살 수 있을까? 석유를 대신할 수 있는 게 과연 있을까?

땅속에 묻혀 있는 석유가 점점 사라져 가고 있는 건 의심할 수 없는 사실이지. 그러니 언젠가는 모두 없어지겠지. 그렇다 해도 갑자기 없어지지는 않아. 땅속에서 퍼낼 수 있는 양이 조금씩 줄어들게 돼. 석유가 없어진 다음을 준비할 수 있는 시간은 주어지는 거지. 석유가 없어진 다음을 준비한다는 건 석유를 대신할 수 있는 걸 찾아내는 거야.

석유는 우리 생활 속에 아주 깊숙이 스며들어 있지만, 대신해 줄 게 없는 건 아니야. 석유로 하던 난방은 전기나 최신형 나무 난로로 하면 돼. 전기는 태양 에너지, 풍력, 수력 같은 게 대신해 줄 수 있어. 그러면 자동차와 비행기 같

은 교통수단의 연료는 어떤 게 대신해 줄까?

석유 회사에서는 다른 연료를 찾기가 어려울 거라고 말해. 하지만 전기 자동차가 대신할 수 있다고 믿는 사람들도 있어. 대표적인 사람이 미국 캘리포니아에서 전기 자동차를 만드는 테슬라 회사 사장 일론 머스크야. 이 회사에서는 지금까지 전기 자동차를 꽤 많이 만들어서 팔았고, 2020년쯤부터는 상당히 싼 가격으로 전 세계에 전기 자동차를 팔 계획을 세우고 있어.

엑슨모빌이나 쉘 같은 석유 회사나 석유 자동차 회사에서는 처음에 전기 자동차는 성공하지 못한다고 생각했어. 그런데 이제 사람들 사이에서 전기 자동차의 인기가 올라가고 경쟁력도 갖게 되니까 조금 두려움을 느끼는 것 같아. 그래도 버스나 트럭 같은 큰 자동차, 비행기, 배는 전기로 잘 안 될 거라고 생각해.

반면에 테슬라 회사 사장은 시간이 지나면 그것들도 전기로 가게 될 거라고 이야기하지. 이미 시내버스는 전기로 달리는 게 나와 있어. 먼 곳까지 빨리 가는 전기 고속버스도 머지않아 나올 거야. 그다음에는 전기 트럭이 등장하게 될 것이고.

그러면 비행기와 배도 전기로 갈 수 있게 될까? 금방 되지는 않겠지만, 이삼 십 년 후에는 아마 전기 비행기를 타고 제주도에 가게 될 날이 올 거야. 전기 화물선에 실려서 태평양을 건너온 바나나도 먹게 될 거고. 전기로 가는 자동차나 비행기는 석유 대신 전기 저장 장치를 실어. 여기에서 전기를 뽑아내서 에너지를 얻는 거지. 가장 중요한 장치인데 아직은 같은 무게의 석유가 내놓는 에너지보다 훨씬 적게 에너지를 내놓아서 장거리를 오가는 비행기에는 싣기 어려워. 장거리 비행기를 움직이려면 전기 저장 장치가 너무 무거워져서 많은 사람을 싣고 날기가 어렵거든. 하지만 지금 아주 성능 좋은 저장 장치가 개발되고 있으니 시간이 흐르면 전기 여객기도 등장하게 될 거야.

소형 전기 비행기는 이미 하늘을 날고 있어. 윗면에 붙은 태양 전지에서 나오는 전기만으로 세계 일주를 한 비행기도 있지. 전기 비행선도 조금씩 선보이고 있어. 비행선은 비행기보다 먼저 사람들을 멀리 실어 날랐는데, 비행기가 발달하면서 밀려났어. 그런데 비행선은 비행기보다 연료를 적게 쓰면서도 짐을 많이 실어 나를 수 있지. 비행기나 자동차로 가기 어려운 곳으로 가기도 쉽기 때문에 연구가 한창 진행 중이야.

그런데 자동차나 비행기가 전기로 가게 된다면, 이 전기는 어디에서 나오게 될까? 석유나 석탄 같은 화석 연료는 물론 아니겠지. 위험한 원자력도 될 수 없겠고. 그렇다면 태양 에너지나 풍력 같은 것이어야 하는데, 여기서 우리가 쓸 수 있을 만큼 충분한 에너지가 나올까?

미래의 에너지를 찾아라!

이제 수십 년만 지나면 우리가 쓰는 대부분의 전기는 태양 에너지와 풍력 같은 고갈되지 않고 깨끗하고 안전하고 어디에서나 얻을 수 있는 에너지원에서 생산될 거야. 이것들은 태양이 사라지지 않는 한 없어지지 않아. 그리고 지구 어디에나 해가 비치고 바람이 부니까 석유와 달리 차지하려고 서로 싸우는 일도 안 생겨. 정말 좋은 에너지이지.

우리나라에는 아직도 태양 에너지로 전기를 충분하게 생산하는 건 절대 안 될 거라고 믿는 사람들이 많아. 하지만 유럽이나 미국에서는 꽤 많은 사람들이 얼마 있으면 태양 에너지와 풍력이 석유와 원자력을 몰아낼 거라고 생각해. 그리고 그 일은 이미 시작되었어.

미국 캘리포니아에서는 2015년에 필요한 전기의 10퍼센트를 태양 에너지로 만들었어. 독일에서는 7퍼센트 가까이 생산했다고 해. 그로부터 5년 전인 2010년에 캘리포니아에서 태양 에너지로 생산한 전기는 1퍼센트도 안 되었어. 독일도 마찬가지고.

전 세계에서 태양 전기 생산량은 아주 빠르게 늘어나고 있어. 이런 식으로 늘어나면 2030년쯤에는 태양 에너지와 풍력이 석유와 원자력을 거의 몰아내게 된대. 그러니 석유나 석탄 같은 화석 연료나 원자력이 없어도 태양 전기나 풍력으로 필요한 전기를 얻을 수 있고, 이 전기로 자동차도 달릴 수 있게 되는 거야.

전기나 자동차 연료를 만드는 데 들어가는 석유는 태양 에너지나 풍력이 대신할 수 있는데, 석유가 없으면 레고 같은 플라스틱 장난감이나 페트병은 무엇으로 만들 수 있을까? 앞에서 석유는 갑자기 없어지지 않고, 천천히 줄어든다고 했지. 그러니까 수십 년 후에도 페트병과 레고를 만들 석유는 충분히 있을 거야.
그리고 이때가 되면 자동차 연료를 태양 에너지가 대신하게 되니까 석유를 대부분

플라스틱이나 다른 화학 물질을 만드는 데 쓸 수 있게 돼. 그러니 꽤 오랜 기간 동안은 걱정할 필요가 없어. 그래도 언젠가 모두 없어지면 그때는 어떻게 하지? 그때가 되면 석유를 대신할 물질이 등장할 거야.

앞에서 석유는 생물체가 변형되어서 생긴 거라고 했지. 이때 변형은 자연 속에서 오랜 기간에 걸쳐서 일어났어. 그렇다면 생물체를 인간이 직접 변형하면 석유 같은 물질을 만들 수 있겠지. 실제로 지금도 식물에서 뽑아낸 물질을 가지고 플라스틱은 만들고 있어. 석유가 점점 사라져 가면 식물을 변형하는 기술이 크게 발달할 거야. 그래서 지금 석유로 만드는 거의 모든 것을 식물에서 뽑아낸 물질을 가지고 만들게 될 거야.

지금은 우리가 레고나 페트병을 쓰고 나면 모두 버리지. 이걸 녹여서 재활용하기도 하지만, 상당한 부분은 태워 없애기도 해. 그런데 석유가 줄어들면 이런 것들을 재활용하는 고급 기술이 나와서 대부분 다시 사용하게 될 거야. 석유가 없어져도 이런 걸 재활용하고, 그동안 생물을 변형하는 기술이 나오게 될 거니까 크게 걱정하지 않아도 돼. 미래의 에너지를 위해 석유와 에너지에 대해 알아보는 것은 어쩌면 세계 시민으로의 기본이 아닐까? 아는 것에서만 그치지 않고 석유와 에너지에 대한 관심을 놓지 않고 적극적으로 행동하면 좋겠어. 그것이 바로 미래의 에너지를 위해 우리가 해야 할 일이니까.

꼬마 시민 카페

우리나라는 석유를 얼마나 쓸까?

석유 생산량은 보통 배럴이라는 단위로 나타내. 1배럴은 약 159리터야. 지구에서는 석유가 하루에 8천 800만 배럴 정도 생산돼. 초대형 유조선에 담을 수 있는 석유의 양이 약 200만 배럴이니까, 이런 배 44대를 채울 수 있는 석유가 하루 동안 생산되는 셈이지. 이 석유를 서울 여의도에 있는 63빌딩 같은 건물에 채운다면, 이런 건물이 130개가량 필요해. 일 년 동안 생산되는 것을 모두 합하면 320억 배럴이나 돼.

이 중에서 우리나라가 2.7퍼센트가량을 쓰지. 우리나라는 인구에 비해 석유를 많이 소비하는 나라에 속해. 나라별로 순번을 매기면 8번째로 석유를 많이 쓰지.

큰 나라도 아닌 우리나라에서는 왜 그렇게 석유를 많이 소비하는 걸까? 우리나라는 땅이 좁고, 사람들이 몰려 살아. 그리고 지하철, 시내버스, 고속버스가 사람들을 많이 실어 날라. 자동차가 미국보다 많이 필요하지 않은 거야. 그런데도 교통에 들어가는 석유가 꽤 많아. 그리고 공장에서 물건을 만드는 데 석유를 많이 써.

우리나라는 화학제품, 자동차, 반도체, 강철, 전자 제품 같은 물건을 많이 만들어서 해외에 수출해. 이 중에서 석유가 아주 많이 필요한 게 플라스틱 같은 화학제품이야. 화학제품을 생산하는 곳에서는 원료로 석유를 사용하지. 이런 화학제품을 만드는 데 들어가는 석유가 우리나라 석유 소비의 40퍼센트를 차지해.

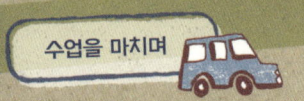 수업을 마치며

석유로 알아본 에너지 세상

　석유를 대신할 것이 있다니 안심이 되겠지. 그런데 안심만 하면 안 돼. 석유를 대신할 게 널리 알려질 수 있도록 노력해야 해. 그래야 조금이라도 빨리 석유로 인해 일어나는 나쁜 일들을 막을 수 있어. 그러려면 우선 석유를 적게 쓰려고 노력해야 하겠지.

　그다음에는 석유를 대신하는 것들을 사용해야 해. 어디를 갈 때 석유로 달리는 차를 타는 게 아니라 전기 자전거, 전기 버스, 전기 자동차를 타는 거지. 그리고 미니 태양광 발전기를 지붕이나 벽에 설치해서 직접 전기도 만들어 쓰는 거야. 이런 일들에 더 많은 사람이 함께한다면 석유를 대신할 것들이 빨리 알려질 거야. 또 레고나 페트병 같은 석유 화학 제품의 재활용을 열심히 하는 거야.

　이렇게 석유와 석유 제품을 적게 쓰고, 석유를 대신할 것을 사용하는 사람들이 늘어나면 분명 우린 석유가 없어진 다음에도 지금보다 더 풍요롭고 평화롭게

살 수 있을 거야.

  석유를 적게 쓰는 건 생활 속에서 에너지를 절약하면 할 수 있어. 방법은 참 많아. 화장실에 들어갔다 나올 때 전등을 끄는 것이나, 여름철에 에어컨 냉방 온도를 조금 높이고, 겨울철에 난방을 적당하게 하는 거야. 우리나라에서는 냉방과 난방을 조금 심하게 하는 편이야. 여름철에 바깥에 있다가 냉방하는 곳에 들어가면 처음에는 시원하지만 땀이 식으면 등골이 오싹할 정도로 추울 때가 많아. 이런 곳은 온도가 아마 20도밖에 안 될 거야. 옷은 시원하게 입고 있는데 온도가 20도라면 감기에 걸리기 쉬워. 여름철 냉방 온도는 26도가 적정 온도야. 그러니 집에서 에어컨을 켤 때는 온도를 26도 정도로 맞추는 게 에너지 절약은 물론이고 감기 예방에도 좋아.

  겨울철에는 실내의 적정 온도가 20도 정도야. 추위를 많이 타는 사람들은 22도가 적당해. 그런데 우리나라 아파트에서는 반팔과 반바지를 입어야 할 정도로 불을 많이 때는 경우도 많아. 온도는 아마 26도

 가 넘을 거야. 이렇게 온도가 높으면 공기는 아주 건조한데 더워서 땀이 나기도 하기 때문에 감기에 걸리기도 쉽지. 그러니 겨울철에는 집 안 온도를 20도 정도로 맞추고 옷은 조금 따뜻하게 입는 게 건강에도 좋고, 에너지 절약도 많이 할 수 있어.

 앞서 말했듯이 미니 태양광 발전기를 부모님과 함께 집에 설치하는 것도 석유 사용을 줄이는 데 도움이 돼. 플라스틱, 종이, 금속 같은 쓰레기를 분리해서 버리는 일도 열심히 해야겠지. 플라스틱을 그냥 버리지 않고 재활용해도 석유를 적게 쓰는 데 도움을 줄 수 있어. 그리고 이걸 태운다고 해도 그냥 태워 버리는 게 아니라 태울 때 나오는 에너지로 전기를 생산하거나 열로 사용하면 그만큼 석유 사용을 줄일 수 있겠지.

 우리나라는 인구나 국토 면적에 비해 에너지를 많이 쓰는 편이야. 이걸 거의 모두 수입해 쓰고 있으니, 에너지를 적게 쓰고, 태양 에너지나 풍력 같은 재생 가능 에너지를 많이 생산해서 사용해야 해.

앞으로 우리는 에너지에 관심을 가지고 에너지를 아껴 쓰는 일을 생활에서 실천하자. 그럼 이런 실천들이 모여서 나중에 석유나 에너지 사용이 가져오는 문제를 해결하는 데 도움이 될 거야.

세계 시민 수업 ❷ 석유 에너지
전쟁을 일으키는 악마의 눈물

초판 1쇄 발행 2016년 11월 24일 | 초판 5쇄 발행 2022년 3월 31일
글쓴이 이필렬 | 그린이 안은진
펴낸이 홍석 | 이사 홍성우 | 편집부장 이정은 | 편집 조웅연 · 박고은 · 이은경 | 기획 · 책임 편집 이해선 | 디자인 권승희
마케팅 이송희 · 한유리 · 이민재 | 관리 최우리 · 김정선 · 정원경 · 홍보람 · 조영행
펴낸곳 도서출판 풀빛 | 등록 1979년 3월 6일 제2021-000055호
주소 서울특별시 강서구 양천로 583 우림블루나인 A동 21층 2110호
전화 02-363-5995(영업) 02-362-8900(편집) | 팩스 070-4275-0445
전자우편 kids@pulbit.co.kr | 홈페이지 www.pulbit.co.kr
블로그 blog.naver.com/pulbitbooks | 인스타그램 instagram.com/pulbitkids

ⓒ 이필렬, 안은진 2016
ISBN 978-89-7474-116-7 74570
ISBN 978-89-7474-114-3 (세트)

사진 저작권 31쪽 ⓒ bogonet / Shutterstock.com 83쪽 ⓒ PhotoStock10 / Shutterstock.com

이 도서의 국립중앙도서관 출판시도서목록(CIP)은 서지정보유통지원시스템 홈페이지(http://seoji.nl.go.kr)와
국가자료공동목록시스템(http://www.nl.go.kr/kolisnet)에서 이용하실 수 있습니다.
(CIP제어번호: 2016023120)

＊책값은 뒤표지에 표시되어 있습니다.
＊파본이나 잘못된 책은 구입하신 곳에서 바꿔 드립니다.

볼로냐 라가치 상 논픽션 대상 수상작
내일을 위한 책 시리즈

볼로냐 라가치 상 대상 수상

> **올바른 사회를 만들어 가기 위해
> 내일의 주인공인 어린이들이 꼭 읽어야 할 책!**
>
> 독재, 사회 계급, 민주주의, 여자와 남자(양성평등) 등 사회적, 정치적 주요 주제들에 대해 어린이들이 열려 있도록 도와주고 그들이 만들 '내일'이 어떤 것이어야 하는지를 진지하게 생각해 보게 해 줍니다.

1권 독재란 이런 거예요

독재와 독재자가 무엇인지 그리고 독재 정부는 어떤 것인지 아이들의 눈높이에 맞춰 쉽게, 그러면서도 분명하게 설명합니다. 이름뿐인 민주주의를 구분하는 눈도 갖게 해 줍니다.

플란텔 팀 글 | 미켈 카살 그림 | 김정하 옮김 | 배성호 추천 | 48쪽 | 12,000원

2권 사회 계급이 뭐예요?

모든 사람은 평등하게 태어나지만, 힘이나 권력, 돈 등은 사람들을 불평등하게 만듭니다. 사회 계급이 왜 생겼는지, 각 계급의 특징은 무엇인지 그리고 각 계급 간의 관계는 어떠한지에 대해 설명합니다.

플란텔 팀 글 | 호안 네그레스콜로르 그림 | 김정하 옮김 | 배성호 추천 | 48쪽 | 12,000원

3권 민주주의를 어떻게 이룰까요?

우리가 이루고자 끊임없이 노력해야 하는 것, 민주주의에 대해 이야기합니다. 아이들에게 어려운 개념일 수 있는 민주주의를 아이들에게 익숙한 '놀이'에 비유하며 쉽게 접근할 수 있게 합니다.

플란텔 팀 글 | 마르타 피나 그림 | 김정하 옮김 | 배성호 추천 | 48쪽 | 12,000원

4권 여자와 남자는 같아요

우리 사회에 아직도 존재하는 남녀 차별과 우리가 이루어야 할 양성평등에 대한 이야기입니다. 여자와 남자는 거의 모든 면에서 똑같은 존재이며, 동등한 권리를 가졌다는 것을 알려 줍니다.

플란텔 팀 글 | 루시 구티에레스 그림 | 김정하 옮김 | 배성호 추천 | 48쪽 | 12,000원